DIE GEHEIMNISVOLLEN UREINWOHNER DER KANARISHCHEN INSELN

GUANCHEN
MYTHOS UND WAHRHEIT

Jonás Pérez-Camacho

Originaltitel: Guanches. Mito y realidad
Koordinatorin der Ausgabe: Caroline André
Umschlaggestaltung und Layout: Abteilung für Kunst und Design Editorial Weston

Text: Jonás Pérez-Camacho
Fotonachweis:
Der Herausgeber dankt allen Fotografen, Museen und Archiven für die freundliche Zurverfügungstellung ihrer Werke für den Nachdruck. Man hat mit aller Sorgfalt versucht, alle Urheber namentlich geltend zu machen. Sollte jedoch jemand namentlich nicht erwähnt werden oder ein Fehler begangen worden sein, entschuldigen wir uns ausdrücklich für das Versäumnis und werden bei Inkenntnissetzung die nötigen Korrekturen in nachfolgenden Auflagen machen.

Weston Archiv/J.P. Camacho Archiv/Museo del Bardo/Ruiz Romero/Brooklyn Museum/Universidad de Cantabria/Museo Canario de Las Palmas de Gran Canaria/Museo de la Naturaleza y el Hombre de Tenerife/Escuela Pedia/Promotur/Museo de Cueva Pintada de Gáldar/Yale University/Turismo Pompei/Los Sabadeños/Correos/Luc Viatour/Antiquario del Palatino/Cabildo de Gran Canaria/Museo Nacional de Antropología de Madrid/Basílica y Real Santuario Mariano de Nuestra Señora de la Candelaria/Parque Arqueológico de Belmaco

URHEBERRECHTE DIESER AUSGABE
® Editorial Weston, S.L.
® Jónas Pérez-Camacho.

ISBN: 978-84-616-1088-4
Depósito legal: TF 966-2012

Alle Rechte vorbehalten. Reproduktionen jeglicher Art, das Speichern in Datenbanken oder das Kopieren von Teilen dieses Textes ist verboten – sei es auf elektronischem oder mechanischem Weg, durch Fotokopieren, Aufzeichnen, etc. - ohne vorherige Zustimmung der Rechteinhaber des geistigen Eigentums.

Ersten Auflage: januar, 2013
Fünfte Auflage: april, 2019

EDITORIAL WESTON S.L.
weston@editorialweston.com

Danksagungen

Für ihre uneigennützige Hilfe bei den nötigen Recherchen zur Vorbereitung dieses Buches möchte ich Maria Cantó meine Anerkennung aussprechen, mich bei ihr für ihre Geduld bedanken, mit der sie mich bis in die letzten Winkel des *Museo Canario* von Las Palmas de Gran Canaria führte, das ohne Zweifel das faszinierendste und geheimnisvollste Museum ist, das es auf den Inseln gibt, und in dem der Geist des Dr. Verneau alles erfüllt; Dank gebührt auch dem Archäologen Abel Galindo, der mir einen unvergesslichen Nachmittag in der Lagerstätte von *El Lomo de los Gatos* im *Barranco de Mógan* schenkte, an dem wir durch einen Weiler der Ureinwohner wanderten und die Uhr um ungefähr sechshundert Jahre zurückstellen mussten; María Reyes und Jaime Padrón danke ich dafür, dass ich mich in der Ausgrabungsstätte von El Julán auf der Insel El Hierro wie ein melancholischer und einsamer "*bimbache*" (Sohn des Vulkans) [*die Guanchen bezeichneten so die Einwohner El Hierros – Anm. d. Ü.*] fühlen durfte; Dank an das *Museo de la Naturaleza y el Hombre* auf Teneriffa für die unglaubliche und haarsträubende Konservierung der Mumien, die das bestgehütete Geheimnis der alten Guanchen war; ich danke Fatíma Hafi vom *Musée National du Bardo* in Tunis, die mich mit ihren Kenntnissen über die Guanchen so angenehm überraschte und mir diese in den römischen Mosaiken darlegte; Danksagung an Giovani Padani vom Tourismus-Büro Pompei in Italien für seine Erklärungen über das Leben der Römer während des 1. Jahrhunderts und zudem dafür, mich überzeugt zu haben, das „*Garum*" zu probieren; Jorge Fabra danke ich für seine Darstellung in „Auf der Suche nach dem verlorenen Stier" in den Bergen von *El Tanque*, wo er ihn sogar fand, auch wenn er kaputt war.

Auch Iker, Dan, Hugo, José Luis, Carol, Alberto, Emma und allen Bibliothekaren möchte ich für ihre wertvolle Arbeit, die sie in aller Stille vollbringen, meinen Dank aussprechen.

„Die üppige Natur der Inseln ist die Zuflucht der Romantik, Träume und Geheimnisse"
Mark Twain

Inhaltsverziechnis

Prolog	11
Kanarische Inseln	12
ALTERTUM und ERSTE BERICHTE	14
Hannons „feurige" Reise	16
Die erste Expedition – die Inseln zu Zeiten von Juba II	18
Die bewohnten Inseln, die Erzählung von Niccoloso de Recco	20
DIE RÄTSELHAFTE HERKUNFT	22
Woher kamen sie? Theorien über eine Besiedelung	24
Aufständische Volksstämme, die Legende der Lästerzungen	26
Waren sie Berber? Die Wissenschaft trübt den Augenschein	28
Waren sie Phönizier? Die Inseln als Handelsniederlassungen	30
Die purpurnen Inseln die Farbe der Macht	32
Das *Garum*, die Coca-Cola der Antike	34
Söhne von Atlantis Nur eine Phantasie?	38
WIE WAREN DIE GUANCHEN?	42
Waren sie Primitive? Ein Porträt der Guanchen	44
Wie kleideten sich die Guanchen? *Tamarcos*, Blumen und Farben	46
Die Gesellschaft der Guanchen: Solide, stabil, lebensfroh	48
Gerichtsverhandlungen der Guanchen – hart und auf dem *Tagoror*	50

Die Politik der Guanchen,   **52**
die Territorialmacht

Die Guanchen-Frau   **54**
– schön und kriegerisch

Wie sahen ihre Häuser aus?   **56**
Reihenhäuser und Höhlen

Die Religion der Guanchen: **58**
Anbetung von Gottheiten und Sternen

Chaxiraxi,   **60**
Die mysteriöse Jungfrau der Guanchen

Die *Harimaguadas*:   **62**
Die Vestalischen Jungfrauen der Kanaren

Die Mumien der Guanchen: **66**
Ein sehr erstaunliches Ritual

Die Nekropolis von Herques: **69**
Die Höhle der tausend Mumien

Wovon lebten sie?   **70**
Die wirtschaft der guanchen

Der Fischfang: **72**
Lebensunterhalt und Vergnügen

Wie ernährten sie sich?   **74**
Die Speisekammern der Kanaren

Wie verständigten sie sich?   **76**
Die Sprachen der Guanchen

Konnten sie schreiben?   **78**
Schrift und Zeichnungen der Guanchen

Wie heilten sie sich?   **80**
Die Haus-Apotheke der Guanchen

Musik und Gesang: **82**
Die *Fiestas de*r Guanchen

Spiel und Sport: **86**
Der Zeitvertreib der Guanchen

Epilog   **91**

Bibliographie   **96**

Wenn ich ein Buch wie dieses in den Händen gehabt hätte, als ich noch ein Kind war, wäre Vieles einfacher gewesen. Die geheimnisvolle Welt der Guanchen zu erforschen, ist eine Unruhe, die mich seit meiner Kindheit umtrieb; um genauer zu sein, ab dem Tag, als ein Geschichtslehrer sich über den Lehrplan hinwegsetzte und uns stattdessen von dem erstaunlichen Volk erzählte, das diese fernen Atlantikinseln bewohnte.

Sie waren ein Volk tapferer Krieger, das fast ein Jahrhundert lang die europäischen Konquistadoren in Schach hielten. Die Mutigsten stürzten sich in die tiefsten Schluchten, gaben ihr Leben, um ihre Freiheit zu verteidigen.

Der französische Dichter Jean de La Fontaine sagte: „Nicht selten begegnen wir unserem Schicksal auf den Wegen, auf denen versuchen ihm zu entgehen". Mir machte das Schicksal ein großes Geschenk, so dass ich mich entschied, zu teilen, was mich über all die Jahre am meisten interessierte: Das geheimnisvolle, manchmal sogar nicht nachvollziehbare Leben der Ureinwohner dieser Inseln zu entschlüsseln - das Leben der Guanchen.

Die Geschichte zu kennen, verhilft uns zu einem wachen Geist, der uns hilft, die Gegenwart besser zu verstehen ,der uns reisen lässt und sei es auch nur in Gedanken, nicht nur auf die Kanarischen Inseln, sondern auch in viele andere Teile der antiken Welt.

Mit Hilfe dieses Buches nähern wir uns einer fremden Ethnie an, die diese Inseln bevölkerte, mindestens zweitausend Jahre, bevor sie von den europäischen Konquistadoren entdeckt wurden.

Willkommen in der faszinierenden und unbekannten Welt der Guanchen.

Die kanarischen Inseln, die sich durch die im Vergleich zu ihrer Oberfläche sehr hohen Gebirgszüge und durch ihren vulkanischen Ursprung auszeichnen, zählen weltweit mit zu den Inseln mit der größten physikalischen und biologischen Vielfalt. In ihnen konzentrieren sich die unterschiedlichsten Wohnräume von feuchten und dunklen Lorbeerwäldern bis hin zu den versengten und bleichen Zonen einer Halbwüste.

Einige dieser Inseln weisen so unterschiedliche Landschaften auf, dass sie wie Kontinente in Miniatur wirken, zum Beispiel Gran Canaria und Teneriffa. Der Archipel setzt sich aus sieben Inseln und sechs Felsinselchen zusammen. Diese

Inseln sind von Westen nach Osten: El Hierro, La Palma, Teneriffa, Gran Canaria, Fuerteventura und Lanzarote. Im Norden dieser Insel befindet sich der kleine Archipel Chinijo, in dem es die einzige bewohnte Felsinsel gibt: La Graciosa.

Die Inseln befinden sich nur etwa 115 Kilometer von der afrikanischen Küste entfernt, nahe dem „Wendekreis des Krebses", auf demselben Breitengrad wie so heiße Orte wie Orlando (Florida, USA), Chihuahua (Mexiko) oder Kuwait(Golf von Persien); dennoch herrscht dank ihrer Lage im Ozean auf ihnen ein ganz besonderes Klima. Es wird durch die Passatwinde bestimmt , die aus Norden wehen und wie ein natürlicher Kühlschrank wirken. Sie sorgen die meiste Zeit des Jahres für ein gemäßigtes frühlingshaftes Klima.

Das besonders Hervorstechende ist jedoch, dass Bräuche, Rasse, und Kultur der Inselbewohner trotz der geografischen Nähe zum afrikanischen Kontinent denen aus dem Mittelmeerraum gleichen: eine Tatsache, die sich bis zu den ersten menschlichen Spuren auf den Inseln zurückverfolgen lässt.

Altertum
und erste Berichte

Im Jahre 600 v. Chr. veranlasste der ägyptische Pharao Necao II. eine Reise mit phönizischen Seeleuten entlang der Küste Afrikas. Die Phönizier brachen mit ihren Booten vom Mittelmeer her auf. Sie navigierten bis zu den Säulen des Herkules (die Meerenge von Gibraltar) und weiter bis zu den Inseln im Atlantik: Madeira, den Azoren und den Kanarischen Inseln.

Hannons „feurige" Reise

Die Aura des Geheimnisvollen
Phönizier, Römer und Wikinger, denen es glückte, von ihrer Überfahrt zu den Inseln heimzukehren, woben eine Aura von Zauber und Geheimnis um sie.

Um das Jahr 450 v. Chr. verließ auf Befehl des phönizischen Eroberers Hannon eine Flotte von 70 Schiffen, auf jedem von ihnen 50 Ruderer, die Mittelmeer-Stadt Karthago und navigierte entlang der Westküste Afrikas.

In ihren Augenzeugenberichten sprachen die Seeleute von sehr hohen Temperaturen und von wilden Gegenden, die von grausamen Kriegern bewohnt würden.

Sie sahen des Nachts einen Vulkan ausbrechen, Feuersäulen spuckend, die sie „Feuerwagen der Götter" nannten (verschiedene Autoren meinen, dass der Teide der Insel Teneriffa gemeint war).

Andere seefahrenden Völker wie die Griechen, die Römer oder die Wikinger, denen es gelang, von ihren Überfahrten zu den Inseln zurückzukehren, umgaben die Inseln mit einer Aura von Zauberei und Geheimnis; nicht nur wegen des waghalsigen Abenteuers, die damals bekannten, vermeintlichen Weltgrenzen zu überschreiten, sondern auch, weil nur wenigen die Heimkehr glückte. Selbst für die wagemutigsten Seeleute bedeutete es eine große Herausforderung, die Inseln zu erreichen. Die Meeresströmungen um die Kanarischen Inseln fließen erst nach Süden, um sich dann unvermittelt nach Westen zu wenden, mit der Gefahr, die Boote mit sich in die Weiten des atlantischen Ozeans zu reißen zu einer Reise ohne Wiederkehr.

Mythologie

Die Griechen vermuteten in den Inseln die Elysischen Gefilde, einen heiligen Ort am Ende der bekannten westlichen Welt, an den tugendhafte Männer und heldenhafte Krieger gelangten, nachdem die Götter ihnen Unsterblichkeit geschenkt hatten. Dort sollten sie eine glückliche Existenz verbringen können. Gefilden, in denen man weder Kälte,

Las Islas Afortunadas
- Die glücklichen Inseln

Die Römer veröffentlichen ihren ersten Bericht, verfasst durch den General Quintus Sertorious im 1. Jahrhundert vor Christus. Sein Schiff wurde auf dem Weg von Lusitanien (heute Portugal) kommend von einem heftigen Orkan bis zu „Inseln, die Erhebungen höher als das Atlasgebirge und ein mildes Klima hatten" verschlagen.

Auf Grund dieses Berichts bezeichnete der griechische Philosoph und Geschichtsschreiber Plutarch viel später die Inseln zum ersten Mal als die „Glücklichen Inseln". Dieser Zuname hat sich bis heute erhalten und zudem den Terminus „Macaronesien" geprägt, der „glückliche Inseln" bedeutet. Er umschließt die atlantischen Archipele der Azoren, der Kanaren, der Kapverden und Madeira.

Über viele Jahrhunderte, sogar noch nach der spanischen Eroberung, glaubte man, dass die Inseln die höchsten Berggipfel des großen versunkenen Erdteils Atlantis waren, von denen Platon gesprochen hatte.

noch Unglück kannte.

In demselben Sinn vermuteten andere in den Kanarischen Inseln den Garten der Hesperiden. „Ein wundervoller Garten in einem fernen Winkel des Abendlandes, nahe dem Atlasgebirge, am Rande des Ozeans, wo die Bäume goldene Äpfel tragen, die Unsterblichkeit verleihen, und die bewacht werden durch einen Drachen mit hundert Köpfen, der Feuer speit" - bezog sich dies möglicherweise auf den Vulkan Teide?

Die „Wagen der Götter"

Der Steuermann aus Karthago, der von seinen Abenteuern auf der berühmten Reise des Hannon berichtete, sprach von Flüssen aus roten Flammen, die bis zum Meer reichten und von einem Feuer, das sich fast bis zu den Sternen emporhob: deshalb nannten die Seeleute es „Wagen der Götter".

Die Flotte des Pharaos Necao II

Necao II war ein Pharao, der das antike Ägypten von 610 bis 595 vor Christus regierte. Er wurde berühmt dafür, dass er eine ägyptische Flotte schuf, mit Schiffen, die korinthische Handwerker konstruierten.

Er entsandte eine Expedition zu Wasser mit dem Auftrag, die afrikanische Küste entlang zu navigieren. Die Besatzungen bestanden aus Phöniziern, die aber von den Ägyptern kontrolliert wurden. Die Erkundung Afrikas auf dem Seeweg durch die Phönizier ist eine ägyptische Erzählung über diese Reise, die von dem griechischen Geschichtsschreiber Herodot überliefert wurde. Es gibt zwar keine erhaltenen Dokumente aus der Zeit, die beweisen, dass diese Reise wirklich stattgefunden hat, aber das Fehlen zeitgenössischer Daten schließt nicht aus, dass es so war.

Die erste Expedition
– die Inseln zu Zeiten von Juba II

Mauretanische Münze
Der Wert der mauretanischen Münzen war in der antiken Welt bekannt. Der griechische Geschichtsschreiber Plutarch beschrieb Juba II als einen der besten Staatsmänner seiner Zeit

Der Handel mit Farben
Mauretanien trieb Handel im gesamten Mittelmeerraum, insbesondere mit Spanien und Italien. Es exportierte Fisch, Trauben, Perlen, Feigen, Getreide, Holz für Möbel und Purpurfarbe für die Roben der Senatoren. Unten die Abbildung einer beladenen römischen Galeere.

Der erste zutreffende Bericht über die Inseln, jenseits von geheimnisvollen Erzählungen und Benennungen, in dem der Sprung vom Mythos zur Wahrheit gelingt, stammt von dem römischen Geschichtsschreiber Gaius Plinius dem Zweiten, besser bekannt unter dem Beinamen Plinius der Ältere. Er lebte im 1. Jahrhundert vor Christus.

In seinem Werk „Geschichte der Natur" berichtet er von der Reise von Juba II, dem König Mauretaniens. Dieser entsandte eine Expedition zu den Inseln, um die geografischen Koordinaten feststellen zu lassen, aber auch, um Informationen über die Pflanzen- und Tierwelt und die Bevölkerung zu erhalten.

Juba II war der Erste, der den Inseln Namen gab, in der Sprache, die er beherrschte, dem Griechischen. Plinius verwandte für einige von ihnen die griechischen, für die anderen lateinische Bezeichnungen: *Capraria, Iuniona*, groß und klein, *Ninguaria* (in etwa die Insel des sich bewegenden Schnees) und Canaria, „wegen der Menge von großen Hunden, von denen sie zwei dem König überbrachten".

Für die Forscherin Alicia Sánchez von der Universität La Laguna ist das Letztere eine umstrittene Aussage, entstanden durch die falsche Etymologie

„Die erste Insel, genannt Ombrios, ohne Spuren von Behausungen, hat in den Bergen einen Tümpel. Die zweite Insel heißt Junonia und auf ihr gibt es einen tempelartigen Schrein, der aus Steinen errichtet ist. In ihrer Nähe gibt es eine weitere Insel mit demselben Namen, aber sie ist kleiner. Dann gibt es Capraria, auf der viele große Eidechsen leben. In Sichtweite zu den anderen liegt Nivaria, immer von Nebeln bedeckt, die ihren Namen dem immerwährenden Schnee verdankt. Sehr nah gibt es Canaria, benannt nach der Vielzahl von Hunden von großer Größe, von denen sie zwei Juba überbrachten. Dort gibt es Spuren von Behausungen".

PLINIUS DER ZWEITE ANNO 77 V. CHR

Die Purpur-Inseln

Plinius erzählt in seiner „*Geschichte der Natur*", dass Juba II eine Expedition entsandte, um die Purpur-Inseln zu finden, um die alte phönizische Kunst der Herstellung von Purpurfarbe (*púrpura getúlica*) wieder aufleben zu lassen.

des Begriffes (can, canis) aus dem lateinischen. Damit „hat er ohne jeden Zweifel nichts zu tun", präzisierte sie.

In Bezug auf die Insel Canaria wird auch von einem Überfluss an Früchten, Vögeln und Palmen, an Honig und Papyrus berichtet. Außerdem wird darauf hingewiesen, dass die Inseln „überschwemmt waren von Ungeheuern im Zustand der Verwesung, die jeden Tag vom Meer an Land gespült wurden". Möglicherweise waren damit gestrandete Wale gemeint.

Die wichtigste Aussage ist jedoch, dass die Inseln bewohnt waren, da Spuren von Behausungen gefunden wurden.

So unglaublich es auch erscheinen mag, dieser Bericht von Juba II, wiedergegeben von Plinius dem Älteren, ist zugleich der letzte, angefangen von den vorangegangenen Expeditionen bis hin zur Eroberung im 13. Jahrhundert. Die Inseln waren in der Zwischenzeit für die zivilisierte Welt erneut im tiefsten Dunkel versunken.

Juba II und Kleopatra Selene II

Juba II lebte zwischen 50 Jahren v. Chr. und 23 n. Chr. Er war König von Numidien und Mauretanien, beide Königreiche waren punischen Ursprungs. Seine erste Frau war die Tochter von Kleopatra VII (die geheimnisumwitterte Königin von Ägypten), ihr Vater der siegreiche Römer Marc Antonio.

Nach dem Tod seines Vaters (Juba I) war Numidien zu einer römischen Provinz geworden und sein Sohn Juba II wurde nach Rom gebracht, wo er eine römische Erziehung in Griechisch und Latein und die römische Staatsbürgerschaft erhielt.

Der römische Kaiser Octavius Augustus setzte Juba II zwischen 29 und 27 v. Chr. als König von Numidien und Mauretanien ein. Unter dem Einfluss seiner Frau Kleopatra Selene II förderte Octavius die Kunst, das Wissen um die Naturgeschichte und den Handel im gesamten Mittelmeerraum.

Die bewohnten Inseln,
die Erzählung von Niccoloso da Recco

Die Feder Da Reccos
Giovanni Boccaccio (1313-1375) ist zusammen mit Dante und Petrarca einer der Väter der italienischen Literatur. Er ist weltweit bekannt als Autor des „El Decamerón". Die Kanaren sollten sich seiner als Verfasser der ersten Erzählung über die Guanchen. erinnern.

Die erste und faszinierendste Beschreibung der Einwohner der Kanarischen Inseln stammt von einer Expedition, die im Jahr 1341 stattfand. Die Schiffe, gechartert vom portugiesischen König und mit einer Besatzung aus Florenz, Genua und Spanien, erreichten im Juli des genannten Jahren unter dem Kommando des Genueser Niccoloso da Recco und des Florentiners Angiolino del Teggihia de Corbizzi die Inseln.

Sie blieben fünf Monate auf diesen Inseln und, als sie nach Lissabon zurückkehrten, brachten sie so viele interessante Dinge mit, dass niemand Geringeres als der berühmte Boccaccio – Autor des *Decameron* – zur Feder griff, um eine Erzählung über die Guanchen zu verfassen. Sie basierte auf Informationen, die ihm da Recco per Brief übermittelt hatte.

Nachdem, was uns Boccaccio erzählt, waren die Inseln „ein felsiges Stück Land ohne Anzeichen von Bewirtschaftung, aber reich an Ziegen und anderen Tieren, voller nackter Männer und Frauen (...); einige schienen über die anderen zu bestimmen, diese trugen Ziegenfelle, die mit Safran und roter Farbe gefärbt waren. Von weitem erschienen diese Felle sehr fein und zart, und sie waren sorgfältig mit Garnen aus Eingeweiden vernäht".

Der italienische Schriftsteller fährt in seinen Beobachtungen fort: „wie aus ihren Gebärden zu schließen ist, haben diese Wilden einen Herrscher, dem sie großen Respekt und Gehorsam zollen. Ihre Sprache ist sanft, ihre Art zu sprechen gleicht der angeregten und schnellen Rede der Italiener. Vier von ihnen

Die Urbevölkerung

Die Guanchen waren die Ureinwohner der Kanarischen Inseln vor der kastellanischen Eroberung, die während der Jahre 1402 bis 1496 stattfand. Obwohl sich der Begriff Guanche ursprünglich nur auf die Eingeborenen der Insel Teneriffa bezog, hat sich dieser für alle Ur-Ethnien der Kanaren eingebürgert. Sie gehörten zur Rasse der Weißen und nach anthropologischen Gesichtspunkten überwogen die cromagnoiden und aus dem Mittelmeerraum stammenden Arten.
Die Einwohner El Hierros nannten sich „Bimbaches", die von La Palma „Auaritas", die von La Gomera „Gomeros", die von Gran Ganaria „Canarios" und diejenigen von Lanzarote und Fuerteventura „Majos".

wurden an Bord zurückgehalten; diese erreichten Lissabon".

Boccaccio erkannte das Problem, dass auch heute noch ohne Lösung erscheint. Wie ist es möglich, dass es auf den Kanarischen Inseln neben Höhlenmenschen Personen gab, deren Kultur offensichtlich höher entwickelt war, da „sie in Hütten mit Gärten lebten, in denen viele Feigenbäume und Palmen, Kohl und anderes Gemüse wuchsen".

Vielleicht ist dies eine der ersten Fährten, die Antworten geben kann, damit die Komplexität der Zivilisation der Guanchen zu verstehen ist. Boccaccio beschreibt, dass viele fast nackt wie Wilde gehen, aber desgleichen „bauen sie Weizen und Gerste an, leben in Städten und Dörfern, haben Könige, Priester und eine Kaste der Edlen, beten eine weibliche Gottheit an und balsamieren ihre Toten feierlich ein".

Und er fügt eine Aussage hinzu, die über all die Jahrhunderte kontrovers diskutiert wird: „beide Gruppen, die wilden Höhlenmenschen und die zivilisierten Bauern, waren blond, mit blauen Augen und einer sehr hohen Statur".

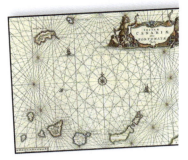

Der Erste war Lancelot
Die Beziehungen, die von der Antike an zwischen der Mittelmeerregion und den Kanarischen Inseln bestanden, wurden unterbrochen nach dem Untergang des Römischen Reiches. Der erste dokumentierte Besuch der Neuzeit war der des Genuesers LancelotMalocello. Er richtete sich von 1312 an für zwanzig Jahre auf Lanzarote ein.

Die rätselhafte Herkunft

Die Herkunft der ersten Bewohner der Kanarischen Inseln ist immer noch ein Rätsel. Ein großes Rätsel. Der vulkanische Ursprung der Inseln schließt genau aus dem Grund aus, dass irgendeine Urbevölkerung dort existierte. Jedoch, von irgendwoher müssen diese Menschen ja gekommen sein. Nur, woher?

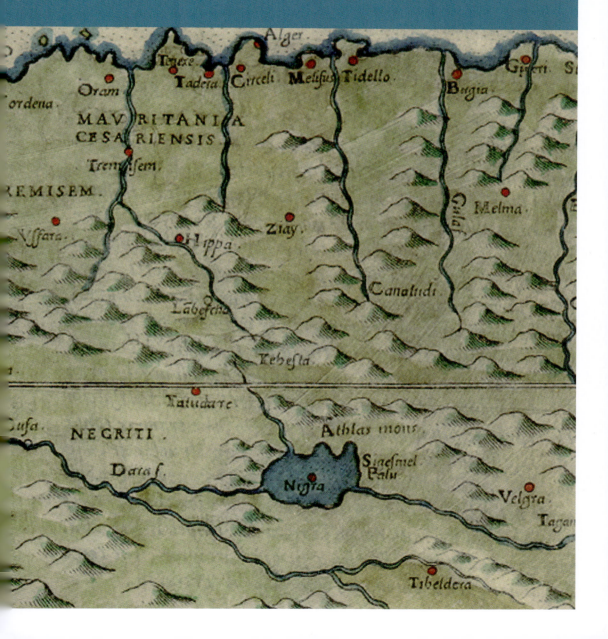

Woher kamen sie?
Theorien über eine Besiedelung

„Ich fragte die Greise auf Gran Canaria, ob sie irgendeine Erinnerung an ihren Geburtsort hätten oder ob jemand sie hier gelassen hätte, und sie antworteten mir: 'Unsere Vorfahren haben uns gesagt, dass Gott uns nahm, uns hier absetzte, und uns dann vergaß; und er sagte uns, dass sich von irgendwoher ein Auge oder ein Licht öffnen würde, durch das wir sehen würden".
KÖNIGLICHER CHRONIST ANDRÉS BERNALDÉZ ANNO 1495

Der Geistliche de los Palacios
Eine der geheimnisvollsten spanischen Personen des XVI Jahrhunderts war Andrés Bernaldéz (1450-1513). Er schrieb über die Reisen Christoph Kolumbus' auf der Suche nach Indien und über die Eroberung Gran Canarias. Er war ein persönlicher Freund von Christoph Kolumbus, der bei mehreren Gelegenheiten in seinem Haus *de los Palacios y Villafranca* in Sevilla wohnte.

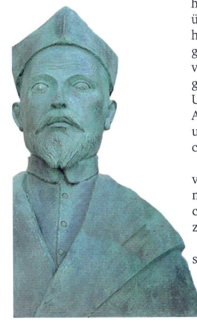

Die alten Guanchen, waren die Überbringer des Wissens und die Bewahrer der Vergangenheit. So offenbarte es uns der königliche Chronist Andrés Bernaldéz 1495.

Sie hatten nicht den geringsten Zweifel, dass ein höheres Wesen sie zu den Inseln gebracht und danach vergessen hatte.

Aber, woher stammten sie? Und was das Fragwürdigste ist, wie kamen sie dorthin?

Bis zum Beginn des 20. Jahrhundert waren die Theorien über den Ursprung dieser geheimnisvollen Bevölkerung unglaubwürdig, verschroben oder vollkommen aus der Luft gegriffen. Wegen der allgemeinen Unwissenheit konnte jedweder Autor eine Theorie vertreten und diese wurde dann in Betracht gezogen.

Einige dieser Theorien verschwisterten die Guanchen mit den Wikingern, den Griechen, den Römern, den Phöniziern und mit den Ägyptern.

Mit den alten Ägyptern hatten sie die Methode des Mumifizierens gemeinsam, mit den Skandinaviern (den Wikingern) und mit den Phöniziern aus Karthago teilten sie die Kunst der Seefahrt. Und aus einem ganz romantischen Blickwinkel betrachtet, sollten sie überlebende Eingeborene des untergegangenen Kontinents Atlantis sein.

Derzeit ist die Theorie, dass sie im 5. Jahrhundert v. Chr. von irgendeinem Ort aus Afrika auf die Inseln gebracht worden sein müssen, am weitesten verbreitet. Und dass sie in einem kraftvollen Ansturm alle Inseln einnahmen.

Allerdings legen archäologische Funde, die kürzlich unter der Leitung des Professors Pablo Atoche von der Universität La Palmas de Gran Canaria auf der Insel Lanzarote gemacht wurden, die Hypothese nahe, dass es eine Besiedelung schon früher, um das 10. Jahrhundert v. Chr. gab.

Auf jeden Fall kennt man die Umstände nicht, unter denen eine Gruppe von Männern und Frauen, sei es freiwillig oder gezwungenermaßen, beladen mit Tieren und Saatgut, die

Küsten der Inseln erreichten und sich entschieden, sie als ihre neue Heimat in Besitz zu nehmen.

Die Datierung um das V. Jahrhundert v. Chr. herum ist ein Zeitraum, der mit der Existenz und der Entwicklung der Mittelmeer-Stadt Karthago übereinstimmt. Die Phönizier, deren Kultur sich aus dem Seehandel entwickelte, breiteten sich im gesamten Mittelmeerraum bis zur Westküste Afrikas hin aus und gründeten dort Niederlassungen. Deshalb erscheint es gut möglich, dass sie sich auf den Inseln einrichteten und Handelsniederlassungen gründeten, um die Fischgründe des Thunfisches auszubeuten.

Die Landung
Die erste Landung der Guanchen fand an der Küste vor Icod auf Teneriffa statt
(Unten: Fotografie des Strandes von San Marcos)

Die Siedlungen

„Die echten alten Guanchen sagten, dass sie Kunde hätten aus Zeiten, die nicht erinnerbar seien, dass sechzig Personen, aber sie wüssten nicht woher, auf diese Insel kamen, sich zusammentaten und eine Behausung in der Nähe von Icode, der einer der Orte dieser Insel ist, und den Ort ihres Wohnsitzes nannten sie in ihrer Sprache *Alzanxiquian abcanahac xerax*, was heißen sollte ‚Ort des Gemeinderates des Sohnes des Großen Mannes'".
Alonso de Espinosa, Anno 1594

Die Siedlungen auf der Insel bildeten sich in mehreren Einwanderungswellen. Daher existieren unterschiedliche Kulturen zwischen einer und der anderen Insel, auch wenn es scheint, dass dennoch gemeinsame Züge vorhanden waren. Vielleicht wurden diese später durch die eigene Isolation zerstört.
Bei der ersten Landnahme brachten die Einwanderer Haustiere wie Ziegen, Schafe, Schweine, Hunde und Katzen mit. Dadurch veränderte sich das empfindliche ökologische Gleichgewicht auf den Inseln. Einige der einheimischen Tiere, wie die Riesen-Echse (*Lacerta Goliath*), die bis zu einem Meter lang werden oder die Riesen-Ratte (*Canariomys bravoi*), welche die Größe eines Kaninchens erreichen konnte, wurden vom Aussterben bedroht. Von der Landwirtschaft ist bekannt, dass die neuen Bewohner zum Beispiel Weizen, Erbsen und Gerste auf die Insel einführten.

Aufständische Volksstämme,
die Legende der Lästerzungen

Römische Anführer
Gaspar Frutuoso (1522-1591) hielt Trajan für denjenigen, der seine Befehlshaber anwies, eine Gruppe von Aufständischen auf die Inseln zu verbannen, nachdem ihnen zuvor die Zungen herausgeschnitten worden waren.

Es wird auch darüber spekuliert, dass es sich bei den Guanchen um aufständische Volksstämme gehandelt haben könnte, die vor den römischen Truppen flohen, die Nordafrika belagerten. Sie könnten in den Inseln einen Ort gefunden haben, um sich zu verstecken. Dieser Version widerspricht allerdings, dass die Inseln so abgeschieden lagen und dass die Bewohner zur Zeit der Eroberung durch die Europäer über keinerlei Seefahrtskenntnisse verfügten. Deshalb wenden wir uns wieder der Theorie der gewaltsamen Kolonisation, die aus politischen Gründen stattfand, zu.

Zwangsumsiedlungen im großen Ausmaß waren eine verbreitete und alte Maßnahme.

Ägyptologen haben Schriften gefunden, in denen erwähnt wurde, dass die Volksstämme am Nil von der zweiten Hälfte des 4. Jahrhunderts V. Chr. unter großem Druck zu leiden hatten. Ereignisse, wie der Sieg der Griechen über die Bewohner Karthagos (480 v. Chr.) oder der erste punische Krieg (zwischen 264 und 241 v. Chr.) könnten auch eine Erklärung für die Aussiedlungen geben.

Diese Art der Zwangsumsiedelungen wurde schon von den französischen Chronisten Bontier und Le Verrier (1402) im Fall von La Gomera angedeutet: „Sie sprachen mit vorgewölbten

Trajan, der Verbanner

In seinem Werk „Saudades da terra" nahm der auf den Azoren geborene portugiesische Historiker und Reisende Gaspar Frutuoso (1522-1591) die Theorie über die Besiedelung der Inseln wieder auf, die auf ihnen die Runde machte, als er sie um das Jahr 1563 besuchte.
Für den Portugiesen stand fest, dass die Kanarischen Inseln von den Römern in den Zeiten Trajans (53-117) besetzt worden waren. Der römische Kaiser erhielt Kunde davon, dass eine Gruppe sehr starker Krieger, die in den Bergen gelebt hatte, in sein Heer als Untertanen des Kaiserreichs aufgenommen worden war. Diese bewiesen außerordentlichen Mut und errangen mit den römischen Truppen große Siege.
Jedoch: die Römer misstrauten ihnen als sie herausfanden, dass die Söldner Abkommen derjenigen waren, die dieses Auftreten gehabt hatten und dem römischen Heer damit grossen Schaden zugefügt hatten. Also befahl „Trajan seinen Befehlshabern, sie alle, mit Ausnahme der Alten, der Frauen und Kinder, zu töten; diesen die Zungen herauszuschneiden und sie auf Boote zu bringen. Er gab Anweisungen, dass, wenn die Boote das Meer erreicht hätten, nicht sehr weit entfernt von der Küste Afrikas Richtung Südwesten navigieren sollten, bis nach einer gewissen Zeit die Glücklichen Inseln erreicht wären. Dort sollte auf jeder Insel eine gewisse Anzahl von ihnen ausgesetzt werden."

DIE LEGENDE DER LÄSTERZUNGEN

„Und als Strafe nahmen sie alle, die Anführer des Aufstandes waren und schnitten ihnen die Köpfe ab, und den Anderen, deren größte Schuld darin bestanden hatte, Mitläufer gewesen zu sein, schnitten sie die Zunge heraus, damit sie keinen neuen Aufstand anzetteln und nicht eines Tages damit prahlen könnten, dass sie sich gegen das römische Volk erhoben hatten…Und so schnitten sie ihnen die Zungen heraus, Männern und Frauen und Kindern, und setzten sie auf Boote mit etwas Proviant und brachten sie auf die Inseln. Sie ließen ihnen einige Ziegen und Schafe zum Überleben da. Und so blieben diese Heiden auf diesen Inseln weil sie Aufständische waren."

JUAN DE ABREU GALINDO **ANNO 1590**

Silbo – Die Sprache der Gomeros
Bis zum heutigen Tag wird auf Gomera diese Pfeif-Sprache gepflegt, die direkt auf die Ureinwohner zurückzuführen ist.

Ureinwohner Gomeras
(Unten) Ureinwohner Gomeras, nach einer idealisierten Zeichnung in dem Manuskript B. von Jean Bethencourt (Ausgang des 15. Jahrhunderts), das sich in der Bibliothek von Rouen in der Normandie (Frankreich) befindet.

Lippen, so als hätten sie keine Zungen, und so sprachen sie von einem mächtigen Prinzen, der bestimmt hatte, sie wegen eines Verbrechens ins Exil zu schicken und ihnen die Zungen herausschneiden zu lassen."

Bis zum heutigen Tage hat sich in Gomera die Tradition des „Silbo"– eine Pfeif-Sprache, mit Hilfe derer sich über die Schluchten hinweg miteinander kommunizieren läßt – erhalten. Sie wurde von der alten Bevölkerung erfunden und gleichermaßen Teneriffa, El Hierro und Gran Canaria „gesprochen". Augenblicklich ist diese besondere Sprache immatrielles Weltkulturerbe der Unesco.

Waren sie Berber?
Die Wissenschaft trübt den Augenschein

Die Kultur der Berber
Es wird angenommen, dass die kanarische Töpferkunst ihren Ursprung in der Kultur der Berber aus Nordafrika hat. Auf Gran Canaria fand man die feinsten und die einzigen bemalten Keramiken des Archipels. Einige von ihnen wirken so prächtig, dass man bezweifeln darf, dass sie für den Hausgebrauch bestimmt waren. Sie könnten eine dekorative oder rituelle Funktion gehabt haben (Oben). Keramik-Gefäß, das in Telde gefunden wurde und (Unten) Gefäß, ausgestellt im *Museo Canario* von Las Palmas de Gran Canaria.

Wie wir schon sagten, scheint es heutzutage weitgehend akzeptiert zu sein, dass die ersten Einwohner der Kanaren berberischer Herkunft waren. Trotzdem ist dieses nicht gesichert und gibt noch heutzutage Anlass zu kontroverser Diskussion.

Aus archäologischer und sprachlicher Sicht gibt es kulturelle Übereinstimmungen mit nordafrikanischen Stämmen (den *amazighes* oder Berbern). Jedoch vom genetischen Standpunkt aus ist die Herkunft nach wie vor ein Rätsel.

Unzählige wissenschaftliche Thesen sagen aus, dass es genügend Daten gäbe, welche die Abstammung der Ureinwohner von den Berbern enthüllten; augenscheinlich sei die übereinstimmende Kultur der handgefertigten Keramiken, der Instrumente aus Knochen und Holz, der Werkzeuge aus Stein. Desgleichen würden die Thesen untermauert durch die Art, wie sie ihre Toten in Höhlen bestatteten und der Weise der gemeinschaftlichen Viehzucht.

Und einige, auch wenn es wenige sind, fügen diesen Thesen linguistische Gründe hinzu.

Wenn man die grammatikalischen Formen von Wörtern, welche die Guanchen in ihrem Vokabelschatz benutzten, mit denen aus dem libyschen-berberischen Sprachraum vergleicht, lassen sich Übereinstimmungen zwischen den Insulanern und den Eingeborenen aus Nordafrika finden.

Unzweifelhaft ist jedoch, dass von Standpunkt der Genetik aus betrachtet, die Herkunft der Bewohner der Kanarischen Inseln immer noch ein Rätsel darstellt. Es ist noch nicht gelungen, die DNA zu entschlüsseln. Genetische Studien, die von der Universität La Laguna (ULL) unter Aufsicht von Professor José María Larruga gemacht wurden, haben ergeben, dass einige spezifische Haplotypen der Kanaren (genetische Konstituion eines individuellen Chromosoms), sowohl bei den Ureinwohnern und als auch bei der heutigen Bevölkerung gefunden wurden. Aber: Sie wurden in keinem an-

deren Teil der Erde gefunden.

Diese spezifischen Haplotypen der Kanaren nennen sich U6b1 und sind bei zwischen 4o bis 70 % der mitocondrialen DNA der kanarischen Bevölkerung vorhanden (Professor Llaruga weist jedoch daraufhin, dass man dies nicht mit dem Prozentsatz derer gleichsetzen kann, die vom Ursprung her Guanchen sind).

Diese Haplogruppen dienen dazu, mit genetischen Techniken untersuchen zu können, woher die ersten Siedler der Inseln stammten. Jedoch, obwohl sie den genetischen Schlüssel haben, haben die Forscher der ULL den Ursprung nicht nachweisen können.

Deshalb führten sie Studien an Tausenden von Proben durch, die zuvor von Bewohnern des afrikanischen Kontinents genommen worden waren: Berbern, Mauretaniern und vielen anderen. Aber das U6b1, das seltsamerweise bei Kanaren auf allen Inseln gefunden wurde, haben sie noch nicht finden können.

Die Gruppe U6 identifiziert die afrikanische Herkunft, aber die konkrete Herkunft der kanarischen Urbevölkerung bleibt nach wie vor ein Rätsel.

Antike Wohnstätten der Berber

Die Geschichte des Berber-Volkes in Nordafrika ist lang und vielfältig. Ihre ältesten Vorfahren siedelten sich im Osten Ägyptens an. Antike Berber-Wohnstätten in der Oase von Siwa in Ägypten; Ort, der von den Römern genutzt wurde, um einige rebellische Stämme unter Zwang umzusiedeln.

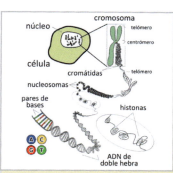

Die genetische Forschung

Um zu diesen Ergebnissen zu kommen, hat die ULL ihre ausführliche Studie anhand von historischen kanarischen Gruppen durchgeführt: Mumien der Ureinwohner, Skelette von Kanaren des 17. Jahrhunderts und heute lebenden Kanaren.

Die DNA der Guanchen wurde aus den menschlichen Resten der Mumien der Urbevölkerung, die an verschiedenen Lagerstätten gefunden wurden, extrahiert. Die DNA der Kanaren aus dem 17. und 18. Jahrhundert konnte auf dem Friedhof, den man bei Beginn von Renovierungsarbeiten in der Kirche „La Concepción" in La Laguna (Tenerife) fand, gewonnen werden.

Im Allgemeinen wurde die DNA aus den Zähnen gewonnen, da sie dort am besten erhalten bleibt. Alsdann wurde die DNA amplifiziert und sequenziert, um die Eigenart, die sie enthält, anschließend an den verschiedenen Proben vergleichen zu können. Es wurde festgestellt, dass bei den drei untersuchten Gruppen (Urbevölkerung, Kanaren des 17. und 18. Jahrhunderts und heutigen Kanaren) die gleichen Haplotypen nachgewiesen werden konnten, einige von ihnen auch (wie bei dem spezifischen U6b1) im Mittelmeerraum und andere nicht.

Der Bericht über diese genetische Studie wurde in der Zeitschrift „*Europea Genética Humana*" (2003) veröffentlicht und fasst zusammen: „55 % aus der Familie der Urbevölkerung weisen Ähnlichkeiten mit den Maghrebinern auf und bestätigen somit ihre Herkunft aus dem westlichen Nordafrika. Jedoch schließen sie die mit dem U6b1-Gen nicht ein. Deshalb bleibt die genaue Herkunft der ersten Siedler weiterhin eine Unbekannt."

Waren sie Phönizier?
Die Inseln als Handelsniederlassungen

„Die Phönizier, die in Gadir (heute Cadiz) lebten, (...) durch die Säulen des Herkules gesteuert waren mit Wind aus Osten und vier Tage lang, kamen unerwarteter Weise an öde Orte (...), an denen sie eine außergewöhnliche Menge von Thunfischen vorfanden, unglaublich wegen ihrer Größe und ihrer Dicke (...), salzten sie und taten sie in Gefäße und transportierten sie nach Karthago".

PSEUDO-ARISTOTELES, MIR., 136 ANNO 1 V. CHR.

Die römische Amphore von Teneriffa

Funde von römischen Amphoren an den Küsten der Inseln eröffnen die Möglichkeit, dass römische Seefahrer Kontakt zu den Ursiedlern der Kanaren hatten. (Oben) Römische Amphore zur Vorratshaltung und auch zum Transport von Wein, gefunden an der Küste von Candelaria (Teneriffa). Diese wird auf 25 v. Chr. Und 150 n. Chr. datiert. Sie befindet sich im *„Museo de Naturaleza y el Hombre"* auf Teneriffa.

Viele Anhänger konnte auch die andere Theorie gewinnen, dass die Ur-Kanaren mit den Phöniziern verwandt gewesen seien (obwohl die korrekte Bezeichnung phönizisch-punisch heißen müsste, da wir uns auf eine exakte Chronologie beziehen und nicht differenzieren können zwischen Phöniziern und Punier).

Verschwindet mit dieser Theorie für immer das Bild von den unbeugsamen Kriegern, welche die europäischen Eroberer in Schach hielten?

Waren die Guanchen berberische Sklaven, die durch phönizische Kolonisten von der afrikanischen Küste verschleppt worden waren?

Amphoren phönizischer Machart, die in La Palma, Teneriffa und El Hierro gefunden wurden, legen den Schluss nahe, dass Phönizier gleichzeitig auf diesen drei Inseln ankamen. Allerdings war diesen Niederlassungen über die Zeit nur ein spärlicher Erfolg beschieden, was der großen Entfernung zwischen diesen Inseln und dem Festland geschuldet war. Wohl auch, weil es sich als schwierig erwies, einen kontinuierlichen Nachschub an neuen Siedlern und auch eine mögliche Rückführung derselben zu gewährleisten, falls die natürlichen Ressourcen zur Neige gegangen wären.

Nichtsdestotrotz hätten die östlichen Inseln (Gran Canaria, Lanzarote und Fuertevertura) die besten Erfolgsmöglichkeiten für die Kolonisierung bieten können, da sie näher zum afrikanischen Kontinent liegen. Diese Lage hätte, falls es nötig gewesen wäre, den kontinuierlichen Nachschub an neuen Siedlern begünstigen können.

Dass Hilfskräfte vom afrikanischen Kontinent auf die Inseln ge-

bracht wurde, um die Inseln wirtschaftlich auszubeuten, könnte die Anwesenheit der ersten berberischen Stämme erklären. Stämme, die aus dem Norden Afrikas stammten und die von den punischen Herrschern unterjocht worden waren.

Gran Canaria hätte mit seiner zentralen Lage im Archipel und auf Grund seiner geografischen Gegebenheiten die besten Möglichkeiten geboten, sich in eine Brücke für die Besiedelung der restlichen Inseln zu verwandeln.

Die physische Anthropologie der Guanchen legt eine Verwandtschaft mit der Bevölkerung des Mittelmeerraumes nahe, die dem libysch-punischen Kulturkreis angehörte. Diese Kultur entstand nach Ankunft von Seminiten aus dem Orient in der Region von Tunis. Deshalb könnte die Theorie, die besagt, dass es sich um Phönizier gehandelt haben könnte, stimmen.

Die Kolonisierung des Archipels war ein langer Prozess, dessen Phasen wir wegen fehlender Lagerstätten und aus Mangel an zeitlichen Daten, die uns ein exaktes Wissen über ihre Anstifter gäben, nicht kennen. Ebenso wenig wissen wir über die chronologische Reihenfolge der Strecken, die sie auf den verschiedenen Inseln zurücklegten.

Aber welchen Sinn sollte es gehabt haben, diese im Ozean verlorenen Inseln zu kolonisieren? Da gibt es nur einen: den der Wirtschaft.

Der Plan wird der differenzierten wirtschaftlichen Logik gefolgt sein, die natürlichen Schätze des Meeres auszubeuten. Doch welche? Fische? Jedoch beherrschten die Phönizier schon große Teile der bekannten Meere – das Mittelmeer und den Atlantik nahe der westlichen Küste Nord-Afrikas.

Vielleicht liegt die Antwort in zwei Meeresschätzen, die dazu dienten, einige der in der Antike am meisten begehrten Produkte herzustellen: Erstens der Grundstoff, um Farben herzustellen, die zu den Zeiten sehr geschätzt waren, zweitens ein merkwürdiges Gewürz, das *Garum* genannt wurde und aus den Eingeweiden des Thunfisches gewonnen wurde. Es durfte auf keinem römischen oder phönizischen Tisch fehlen, und sei er noch so arm gewesen.

Römische Amphore für Wein
(Oben) Amphore, römischer Herkunft, gefunden an der Küste von Candelaria (Teneriffa), wahrscheinlich benutzt, um Wein zu transportieren. Ausgestellt im *„Museo de Naturaleza y el Hombre"* auf Teneriffa.

Kolonien und Handelsniederlassungen

Die Phönizier waren eines der ersten Völker der Antike, die Kolonien und Handelsniederlassungen gründeten. Die Kolonien waren besetztes Gebiet, in dem sich ein Teil phönizischer Siedler fest niederließen. Das Besondere dieser Kolonien war es, dass eine Art Stadt-Staat gegründet wurde und außer in Bezug auf wirtschaftliche Beziehungen gab es keine weiteren Verbindungen zu phönizischen Städten.

Unter den wichtigsten Kolonien stachen *Gades* (Cadiz) im Süden Spaniens und Karthago (Tunis) in Nordafrika hervor. Jahrhunderte später kämpften diese mit den Römern um die Vorherrschaft im Mittelmeer. Die Kanarischen Inseln könnten Handelsniederlassungen gewesen sein, die als Anlaufhafen oder Orte, an denen Handelsware gelagert wurden, gedient haben könnten, ohne ständig bewohnt gewesen zu sein. Sie könnten auch als Ort der Zuflucht gedient haben, um sich von und vor langen Überfahrten zu erholen oder um Proviant aufzunehmen.

Die kanarische Orchilla

Die Orchillas (*rocella spp.*) sind Flechten, die in großer Anzahl an den Klippen der kanarischen Insel wachsen. Mit ihnen werden rote, blaue und purpurne Färbemittel hergestellt, die, einigen Autoren zufolge, benutzt wurden, um das echte Purpur von Tyro zu fälschen. Der Handel mit ihnen stellte für den Archipel bis Mitte des 19. Jahrhunderts eine wichtige Einnahmequelle dar.

DIE PURPURNEN INSELN

Purpur war die Farbe der Macht, und das Färbemittel dafür wurde als kostbarer als Gold und Diamanten angesehen. Es wurde aus den Schleimdrüsen der tropischen Meeresschnecke gewonnen, die nur auf einigen fernen Inseln vorkam.

I DIE MYTHOLOGIE

Die Mythologie schreibt ihre Entdeckung dem phönizischen Gott Herakles zu, der die Stadt Tyro bewachte. Eines Tages biss sein Hund in ein Schneckenhaus aus „*murex*" und augenblicklich färbte sich sein Maul dunkelviolett. Herakles Begleiterin, die bezaubernde Nymphe Tyro, rief aus, dass sie nur mit dem Gott schlafen würde, wenn er sich in ein Gewand kleidete, das diese selbe Farbe hätte. Herakles hatte keine andere Wahl, als ihrer Bitte zu entsprechen. Und so entstand die berühmte Farbe Purpur aus Tyro.

II DIE HERSTELLUNG

Man brauchte mehr als 250.000 Exemplare der Schnecke, um eine Unze (etwas als 28 Gramm) des Färbemittels „Purpur aus Tyro" zu gewinnen. Das ist der Grund, weshalb es langwierig war, sie herzustellen und dementsprechend teuer war sie. Die bevorzugte Methode war, große Mengen dieser Schnecken zu fangen und sie an der Sonne trocknen zu lassen (die Autoren der Klassik bezeugten den üblen Geruch, den sie verbreiteten). Herstellung und der Export des Purpur-Färbemittels entwickelte sich um das Jahr 1.200 v. Chr., unterstützt durch die phönizische Machtausdehnung im Mittelmeerraum. Im 3. Jahrhundert v. Chr. war Purpur aus Tyro wertvoller als Gold: Nur ein Kilo kostete mehr als drei Jahresgehälter eines römischen Bäckers. Daher erscheint es keinesfalls unglaubwürdig, dass die Kolonisierung dieser Inseln wegen dieser wichtigen Quelle von Reichtum stattgefunden haben könnte.

Murex brandaris
Die Phönizier stellten das *Purpur Getúlida* aus der Absonderung der Schleimdrüsen der Meeres-Moluskeln her.

III DER GLANZ DES TRIUMPHES

Obwohl die Griechen die ersten Abnehmer waren, wandelten sich später die Römer zu den wahren Fanatikern der Purpurfarbe. Ihnen gefiel der dunkle Farbton, der aus zwei Arten der „*Murex*"-Schnecke gewonnen wurde. Plinius der Ältere beschrieb ihn als Farbton wie von geronnenem Blut und schrieb, dass er jedes Kleidungsstück zum Leuchten brächte und zusammen mit dem Gold den Glanz des Triumphes teile. Die Generäle kleideten sich in Triumph-Tuniken aus Purpur und Gold, während die Senatoren und Konsuln an ihren Togen Säume von Purpurbändern trugen. Im kaiserlichen Rom war der Gebrauch des Purpurs noch strenger reguliert: im 4. Jahrhundert unserer Zeitrechnung stand es nur dem Kaiser zu, sich in das beste Purpur stellzu gewanden. Die Exklusivität der Farbe und ihre Verknüpfung mit der Macht ist der Grund, weshalb sie traditionell die Farbe der Königs- und Bischofsroben war.

IV DAS REZEPT

Das tausend Jahre alte Rezept der Purpurgewinnung von Tyro ging im Abendland um 1453 verloren, als Konstantinopel vom Ottomanischen Reich erobert worden war. Erst 1856 wurde das Geheimnis des Purpurs wiederentdeckt, als der französische Zoologe Félix Henri de Lacaze-Duthiers sah, wie ein Fischer sein Hemd mit dieser Moluskel färbte.

Das *Garum*,
die Coca-Cola der Antike

„Der Handel mit *Garum* im Mittelmeerraum war wichtiger als heutzutage der mit Coca Cola. Es war absolut notwendig, sich bis zu einigen Inseln hin auszubreiten, vor denen ständig Thunfisch gefangen wurde."
RODRIGO BALBÍN, PROFESSOR FÜR PRÄHISTORIK 1996

Römische Amphore zur Herstellung von *Garum*
Eine römische Amphore, die 1964 zufällig bei einem Tauchgang vor dem Felseiland La Graciosa, nördlich von Lanzarote gefunden wurde, gilt als Beweisstück für das Vorhandensein von römischer Keramik am äußersten Rand des Imperiums.
(Arriba) Amphore von La Graciosa, ausgestellt im *Museo Canario* von Las Palmas de Gran Canaria.

Wenn man einigen Hypothesen nachgeht, war das Motiv, unter dem die Phönizier versklavte Berberstämme auf den Kanaren ansiedelten, in Besitz des begehrten *Garum* zu gelangen.

Dieses Gewürz, das aus den Eingeweiden des Thunfisches hergestellt wurde, war seitens der Phönizier und auch der Römer Gegenstand eines intensiven Handels im gesamten Mittelmeerraum. Im *Garum* könnte ein weiterer Schlüssel zum Geheimnis der Kanaren verborgen sein.

Für die Gruppe von Archäologen um Rodrigo Balbín und Primitiva Bueno von der Universität von Alcalá de Henares wurden die Inseln von „einer Ansammlung von Berbern, die von den Phöniziern dorthin gebracht worden waren, besiedelt. Das beweisen Fundstücke wie der Stein Zanata und Gravuren von Stieren beweisen. Diese Art der Besiedelung war unter den großen Handelshäusern aus Karthago sehr beliebt.

So hatten sie es auch beispielsweise mit den Iberern gehandhabt, die sie nach überallhin im Mittelmeerraum bis nach Syrien gebracht hatten. Sie nahmen ganze Dorfgemeinschaften gefangen und machten sie sich zu Diensten, auch, damit sie für sie kämpften. Dieses Handeln ist dank zahlreicher Quellen perfekt belegt. Im Fall der Kanaren sprechen wir von dem 4. Jahrhundert v. Chr. oder auch früher. Die Kanaren waren unbewohnte Inseln, aber umgeben von Gewässern, in denen das ganze Jahr über Thunfisch gefangen werden konnte und nicht nur zu bestimmten Jahreszeiten. Die Thunfische lieferten den Grundstoff für das *Garum*, das bedeutendste ökonomische Phänomen im 3. und 4. Jahrhundert v. Chr. Zum ersten Mal erhielten die Kanaren einen Sinn für den Mittelmeerraum, der keinen mythologischen Ursprung hatte.

Es gab einen ökonomischen Sinn."

Der Geschmack des Mittelmeerraumes

Das Produkt *Garum* wurde aus den Köpfen und Eingeweiden von Seefisch hergestellt, bevorzugt aber aus Thunfischen. Diese

Köstlichkeit zu Tisch
Die überall verwendete „*Salsa Hispana*" war die Krönung aller Mahlzeiten entlang des Mittelmeeres.

wurden mit Salz, Essig, Wasser, aromatischen Kräutern und Öl eingelegt. Danach blieben sie im Inneren großer Becken, bis der Zustand perfekten Marinierung erreicht war. Sodann wurde das *Garum* in Amphoren gefüllt und über im gesamten Mittelmeerraum vertrieben.

Phönizier und Römer waren begeisterte Verbraucher dieses Würzmittel. Wir sind heute in der Lage, die vielfältige kulinarische Verwendung des Garums nachzuvollziehen. Dies verdanken wir einem Kochbuch, das im 1. Jahrhundert n. Chr. geschrieben wurde. Autor war der berühmte römische Gastronom Marco Gavio Apicia, der für seine Exzentrik und sein enormes persönliches Vermögen bekannt war, das er in seinem Eifer, die raffiniertesten Zutaten für die Herstellung seiner komplizierten Rezepte zu verwenden, verschwendete. Der Überlieferung nach brachte er sich aus Angst, er könne aufgrund seines schwindenden Vermögens nicht länger in den Genuss von Köstlichkeiten kommen, um.

Die Rezepte Apicios, obwohl sie so alt sind, könnten uns noch heutzutage zum Nachkochen verführen, vorausgesetzt, wir stellten zuhause selber ein bisschen *Garum* her.

Hier ein Beispiel

LUBINA
NACH ART DES APICIO

Man zerkleinere Pfeffer Kümmel, Petersilie, Gartenraute, Zwiebeln und mische alles mit Honig, Garum, süßem Wein und einigen Tropfen Öl.
Man dämpfe den Wolfsbarsch vorsichtig in dieser Soße.

Die Cueva Pintada de Gáldar

In der Stadt Gáldar im Nordwesten der Insel Gran Canaria liegt die Höhle, die im 19. Jahrhundert über vulkanischem Gestein ausgegraben wurde. Herausragend sind die geometrischen Muster, die ihre Wände schmücken.

Die Zeichen der Phönizier

„Sie haben uns alle Zeichen gegeben, die wir brauchen: Handelsniederlassungen, Amphoren und Objekte, die in Zusammenhang mit der Kultur und der Religion der Phönizier stehen. Auf Lanzarote gibt es Gravuren von der Göttin Tanit, auf Gran Canaria liegt die berühmte *Cueva Pintada* von Galdár, die ein klares Beispiel für ein unterirdisches Bauwerk ist (eine unterirdische Galerie, die der Bestattung diente), die Amphoren, die in Puerto de la Cruz auf Teneriffa gefunden wurden, sind von Hand hergestellt und Kopien punischer Modelle. Wir haben mehr als zweihundert Fundstücke, die wir nach und nach in unserem wissenschaftlichen Rhythmus, nicht nach politisch vorgegebenen Umständen, öffentlich machen werden. Das Problem der kanarischen Archäologie war bis heute, dass sie nur eine untergeordnete ‚tropische Splitterfraktion' gewesen ist aufgrund der mangelnden wissenschaftlichen Ausgrabungsfunde. Gegenwärtig arbeiten wir mit Fundstücken der vergangenen Jahrhunderte.

Selbstverständlich gibt es bewiesenmaßen viele phönizisch-punische Fundstücke auf den Inseln, aber bislang wurden sie nie ihrem Stellenwert entsprechend zugeordnet. Aber ab jetzt kann die Nachforschung über diese Funde in einen archäologischen Kontext gestellt werden, der uns mit dem Leben im Mittelmeerraumes und dem Thunfischfang verbindet, und der unsere Arbeit sehr erleichtern wird", bestätigen die Autoren dieser Theorie.

Das rätselhafte Puzzle
Für diese Archäologen gilt hiermit die Annahme als widerlegt, der Archipel sei von den historischen Strömen isoliert gewesen, und die Verbindung zu Europa scheint zum Greifen nah. Es gäbe somit kein Geheimnis der Guanchen mehr, sondern ihre Abstammung von den Berbern wäre bewiesen. Und die Tatsache, dass sie zum Zeitpunkt der Eroberung durch die Europäer ihre Ursprünge vergessen hatten, würde sich dadurch erklären lassen, dass bereits mehr als 1500 Jahre vergangen waren, seit die phönizisch-punischen Kolonisatoren sie nach dem Untergang des großen phönizischen Reiches und der Unterbrechung des von ihnen kontrollierten Handels als Gefangene der Inseln zurückließen.

Ehrlich gesagt könnte die Hypothese der Arbeit, die von dieser Gruppe von Archäologen vorgestellt wurde, zwar ganz rational erklären, dass die Vorfahren der Guanchen Berber waren, aber die Möglichkeiten, anderen Fährten nachzuspüren, erschöpfen sich nicht. Die jungfräuliche Erde der Inseln hat immer noch nicht all ihre Geheimnisse preisgegeben.

Die Göttin Tanit
Tanit wurde bei den Phöniziern wie die Mutter Gottes verehrt. Gravuren mit der Göttin Tanit wurden im gesamten Archipel gefunden. (Oben). Das Symbol Tanit, eingeritzt in einen Stein, der in *El Pozo de la Cruz* in San Marcial del Rubicon auf Lanzarote gefunden wurde.

Der kanarische Rosetten-Stein

Im Jahre 1992 wurde auf Teneriffa ein kleiner Stein von länglicher Form gefunden. Er enthält eine Reihe von eingeritzten Inschriften. Nachdem dieser von Spezialisten des Archäologischen Museums von Teneriffa und durch den Professor für Arabistik der Universität La Laguna, Rafael Munyos, untersucht worden war, kam man zu der Auffassung, dass es sich um den kanarischen Rosetten-Stein handeln müsse. Nach der daraus entwickelten Theorie trägt die Inschrift charakteristische Züge des Tifinagh und könnte daher der Identifizierung eines Stammes der Guanchen, der auf Teneriffa lebte, dienen: der *Zanatas oder Zenetes*, „die abgeschnittenen Zungen". Damit würde die Hypothese der Präsenz der Punier auf den Inseln, um Handelsniederlassungen mit berberischen Arbeitern zu gründen, erneut bestätigt.

Das könnte den Stein zu einem der wertvollsten Objekte, welches die Guanchen hinterlassen haben, machen; indem er eine Verbindung zu ihrer magischen Weltsicht herstellen könnte und eine große Menge von Informationen enthält, die es erlauben, lybische Inschriften auf anderen Fundstücken zu entziffern.

In jedem Fall verursachte der Stein in den 90er Jahren einen großen Aufruhr in Wissenschaft und Medien; für einige Historiker war der Stein eine sehr gute Fälschung, und sie verteidigten die Auffassung, dass die Verbindung der kanarischen Bevölkerung mit einer angenommenen Anwesenheit der Punier auf den Kanaren keinesfalls bewiesen sei.

Die Polemik um den Stein „Zanata" gibt ein Beispiel für die gesellschaftliche und politische Debatte, die es zu den meisten Fundstücken, die mit den Guanchen in Zusammenhange gebracht werden, gibt.

Heutzutage ist der *Zanata-Stein* im Museo de la Naturaleza y el Hombre in Santa Cruz, Teneriffa, ausgestellt.

Söhne von Atlantis
Nur eine Phantasie?

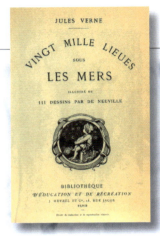

„Diese erste athenische Stadt, neunhundert Jahrhunderte alt, wurde von Atlanten eingenommen und zerstört, einem Volk, das einen Kontinent größer als Afrika und Asien zusammen bewohnte, der sich über eine Oberfläche vom 1. bis 40. Grad nördlicher Breite erstreckte. Ihr Herrschaftsgebiet erstreckte sich bis Ägypten, und sie hätten es auch noch bis Griechenland ausdehnen wollen, jedoch mussten sie sich vor dem unbeugsamen Widerstand der Hellenen zurückziehen. Die Jahrhunderte verstrichen, bis sich eine Katastrophe, begleitet von Überschwemmungen und Erdbeben, ereignete. Einen Tag und eine Nacht vergingen, dann war Atlantis vernichtet. Nur seine höchsten Gipfel, Madeira, die Azoren, die Kanarischen Inseln und die Kapverden ragen noch empor."

JULES VERNE, AUTOR DE 20.000 MEILEN UNTER DEM MEER (1870)

Das Atlantis von Jules Verne
Jules Verne drückte in seinem Buch „20 000 Meilen unter dem Meer", seine Faszination für den legendären Erdteil aus, der im Meer versunken war.

„Google Earth ortete Atlantis nahe der Kanarischen Inseln". So berichtete die britische Tageszeitung The Sun 2009. Bernie Bamford, ein Luftfahrtingenieur, lokalisierte Atlantis in der sogenannten Tiefsee-Ebene von Madeira, in etwa 5,5 Kilometern Tiefe zwischen den Kanarischen Inseln. Den Autoren der Reportage zufolge, stufte Charles Orser, Archäologe des Museums des Staates New York, es als faszinierend ein, dass auf dem Grund des Meeres ein Fund gemacht wurde, der einem glitzernden Stadtgebilde zu ähneln scheint. Von Seiten des Entdeckers besteht kein Zweifel, was es darstellt: Es sieht wie eine Luftfahrtkarte von Milton Key (eine englische Stadt) aus. Es muss etwas von Menschen Geschaffenes sein.

Atlantis ist ein weltweit diskutiertes Thema. Seit Idee von Atlantis im Jahre 355 v. Chr. von Platon in die Welt gesetzt wurde, hat sie bis in unsere Tage hinein nicht aufgehört, Reaktionen hervorzurufen: einerseits polemischer Art in Bezug auf den Wahrheitsgehalt der Existenz Atlantis, andererseits als Inspiration auf dem literarischen Sektor.

Google dementierte wenig später die Annahmen der Atlantologen. „Was sie gesehen haben, war das Resultat einer Ansammlung von Daten", sagte ein Sprecher der Gesellschaft. „Die Daten vom Meeresgrund stammen von Schiffen, welche ihr Radar für Messungen nutzten. Die Linien stellen die Fahrtstrecken der Schiffe dar."

Atlantis bleibt verschollen.

Der Tempel des Poseidon
Während vieler Jahrhunderte, einschließlich der Zeit nach der spanischen Eroberung, glaubte man, dass die Inseln die Gipfel der Berge von Atlantis waren,

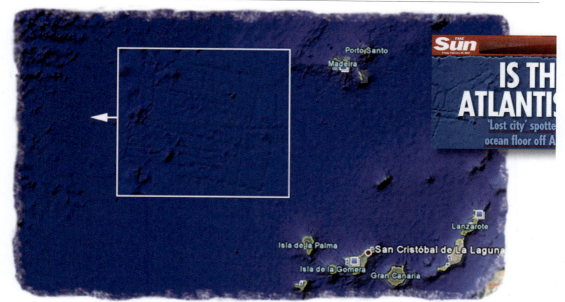

des großen untergegangenen Kontinents, von dem Platon in seinem berühmten Dialog „Timaios und Kritias" sprach.

Atlantis ist eine große Insel, größer als Libyen (Afrika) und Asien zusammen, jenseits der Säulen des Herkules (Gibraltar) gelegen. Es war der Herrschaftsbereich Poseidons, des Gottes des Meeres. Es war bewohnt von den Atlanten, Abkommen von Atlas, dem ersten König, Sohn des selbigen Gottes und einer sterblichen Mutter.

Atlantis besaß alle Reichtümer, sein Volk war das fortgeschrittenste der Welt und in seinem Zentrum lag die große Hauptstadt mit dem Palast und dem Tempel Poseidons. Seine Wissenschaftler verbreiteten Kenntnisse und Zivilisation an die übrigen Völker, mit denen sie in Frieden lebten.

Die Einwohner von Atlantis hielten über viele Generationen ihre Gesetzesvorschriften treu ein, übten Großzügigkeit und hielten Frieden. Aber mit der Zeit degenerierten sie, wurden habgierig und kampflustig. Andere brüsteten sich, die Geheimnisse der Götter entdeckt zu haben, Geheimnisse der kosmischen Energie und der Kräfte, die im Stande seien, das Geschlecht der Menschen zu vernichten.

Vor etwa 11.500 Jahren bestrafte Zeus, der König der Götter, die Menschen aus Atlantis. Und binnen einer einzigen Nacht zerstörten vulkanische Eruptionen und Seebeben die große Insel in einer Katastrophe kosmischen Ausmaßes. Nach der Legende blieben von Atlantis lediglich die Inseln der Azoren, Madeira, die Kanaren und die Kapverden übrig, möglicherweise waren es nur die Gipfel der höchsten Berge des untergegangenen Kontinents. Aber seine Paläste und Tempel befinden sich auf dem Grund des Ozean, der seinen Namen diesem verschwundenen Kontinent verdankt: der Atlantik.

Hat Google Atlantis entdeckt?

Die Nachricht, die in der Zeitung *The Sun* veröffentlicht wurde, verursachte eine weltweite Teilnahme der Medien.

DIE RÄTSELHAFTE HERKUNFT

Die Stiere von El Tanque
Der Monolith der *Cañada de los Ovejeros* (El Tanque, Teneriffa), auf dem die Stierfiguren abgebildet sind. Dieses Fundstück ist leider in einem unwiederbringlich beschädigten Zustand, aber dank der Kopie, die von den Spezialisten des *Museo de la Ciencia y el Hombre* von Teneriffa gefertigt wurde, können wir diese Stiergravuren ansehen und bewundern.

Das Atlas-Gebirge
Platon verortete Atlantis zwischen den Höhen des Atlas-Gebirges und den Küsten des atlantischen Ozeans.

Der heilige Stier

Der Fund in einer archäologischen Ausgrabungsstelle in El Tanque auf Teneriffa, (große Steine mit eingeritzten Stieren, die bei den Guanchen unbekannt waren), zusammen mit einer Gravur in einer Stele mit Inschriften, lichtete den Nebel der Legenden um Atlantis ein wenig.

Der Stierkult in uralten Kulturen wurde ausgiebig diskutiert. Orthodoxe Theorien verlegten ihn in die magisch-religiöse Welt der Phönizier, die den Kult über den gesamten Mittelmeerraum verbreiteten.

Andere Theorien bringen den Stierkult mit der Existenz eines Atlantis in der Sahara in Zusammenhang. Diese heterodoxe Theorie verficht, dass der Kult – am blutenden Stier - auf die Vereinigung der Völker der *Lebbus* – blonden Mongolen – mit den *Tehenus* – alteingesessenen Nordafrikanern – zurückzuführen ist. Aus dieser Vermischung entstand ein Volk namens *Tamahu*, letzte Bewohner Atlantis', die den Stier als Totem-Gott bis nach Ägypten brachten.

So gesehen wären die Phönizier die Erben einer sehr langen Tradition und nicht ihre Erschaffer. Die Gravuren von Stieren und Pferden könnten auf die Bräuche in Atlantis verweisen, wie von Platon beschrieben und mit Eifer verfolgt werden von denen, die glauben, das die Geschichte in Atlantis begann.

Die Archäologin María del Arco Aguilar und ihre Mannschaft entdeckten auf einer Stele eine Gravur, welche ein als punisch eingeordnetes Gefäß zeigt, zusammen mit anderen Motiven, unter denen sich auch die Figur eines Stiers befindet.

Nach Platon könnte sich der verlorene Kontinent zwischen den Höhen des Atlas-Gebirges und den Küsten des Atlantiks befunden haben; und nachdem Zeichnungen von Stieren und Reitpferden während der Expedition von Frison Roche und Henry Lothe in diversen Grotten in der Sahara gefunden wurden, könnte uns dies tatsächlich in den westlichen Teil des afrikanischen Kontinents führen.

Demzufolge kämen wir den Kanarischen Inseln geographisch gesehen schon sehr nahe.

Das Auftauchen einer Stierfigur hilft jedoch nicht, ein Geheimnis zu lüften Im Gegenteil, dadurch ist ein neues Rätsel entstanden. Die Stierfigur symbolisiert eine große Gottheit (Taurus), zwischen deren Hörnern die Sonnenscheibe leuchtet. Sie war schon bekannt, bevor die Pönizier aus den Ländern des vorderen Orients einwanderten.

Die phönizische Hypothese bliebe also bezüglich Inseln wie zum Beispiel La Palma widersprüchlich. Dort sollen archäologische Schicht-Sequenzen es angeblich ermöglicht haben, eine Bevölkerung, die aus Atlantis stammt, zu identifizieren. Sie sollen die Urheber von Gravuren wie Spiralen, Mäandern und Hufeisen gewesen sein, bevor die Einwanderungswelle mit Römern und Berbern aus Afrika einsetzte.

Einen Zusammenhang zwischen der antiken Bevölkerung der Kanaren mit der von Atlantis herzustellen, ist zwar eine Vorstellung, die die Phantasie anregt. Sie ist romantisch, aber bis jetzt rein spekulativ. Aus dem einfachen Grund: bis heute konnte nicht bewiesen werden, dass es diesen großen Kontinent wirklich gab.

Die *Tamahu*
Sie waren möglicherweise die letzten Bewohner von Atlantis, die den Stier als verehrungswürdige Gottheit nach Ägypten gebracht haben.

La Palma: eine Bevölkerung, die aus Atlantis stammt?

Eine vergleichende Studie über Felseninschriften zwischen den Kanaren und Nordafrika zeigt, dass die Inseln zu zwei verschiedenen Zeitpunkten besiedelt wurden. Eine Besiedelung fand um das 6. Jahrhundert v. Chr. durch Berber einer archaischen Kultur statt, die weitere im 1. Jahrhundert unserer Zeit in der Epoche des Kaiser Augustus und des Königsreichs von Juba II. in Mauretanien durch romanisierte Berber.
Dessen ungeachtet sind die Gravuren auf La Palma in Form von Kreisen und Spiralen für einige Autoren Zeichen einer weitaus älteren Kultur. Die urzeitlichen Felszeichnungen, die auf La Palma entdeckt wurden, erinnern vage an Ringe von Land und Meer, genauso wie Platon Poseidon, die Hauptstadt von Atlantis beschrieben hatte; andererseits gleichen dieses Gravuren auch denjenigen, die an der Küste Galiciens (Spanien) und in der Sahara gefunden wurden.

Wie waren die Guanchen?

Zu Beginn des 15. Jahrhunderts beschrieben Geistliche, die Jean de Bethencourt bei seinem ersten Eindringen auf die Inseln begleiteten, diese auf folgende Weise: „Geht durch die ganze Welt und ihr würdest in keinem Teil derart schöne und gebildete Menschen treffen, wie es sie auf diesen Inseln gibt. Sowohl Männer als auch Frauen verfügten über einen herausragenden Verstand, gäbe es doch jemanden, der ihnen Bildung angedeihen ließe."

Die Guanchen
Die Eingeborenen von Gran Canaria nach einer Illustration von Leonardo Torriani (1592)

Waren sie Primitive?
Ein Porträt der Guanchen

Lange und starke Knochen
Die Skelette, die in den Museen der Inseln ausgestellt sind, zeigen, dass die kanarischen Ureinwohner für ihre Zeit groß und kräftig waren. (Oben) Mumie, zu sehen im *Museo de la Naturaleza y el Hombre* in Teneriffa.

Wenn man heutzutage einen Kanaren, von welcher Insel auch immer, bitten würde, einen Guanchen zu zeichnen, würde er mit Sicherheit eine Person mit Bart und braunhäutig, mit langen Haaren und halbnackt darstellen - jemanden, der einem primitiven Neandertaler ähnelte.

Es steht außer Frage, dass in den Studien zur Materie kaum oder keine Übereinstimmung in Bezug auf das Aussehen der Urbevölkerung mit der allgemeinen Vorstellung festgestellt werden konnte.

Sie trugen beispielsweise keine langen Haare. Das war in der Zeit ein Zeichen der Vornehmheit und nur denjenigen erlaubt zu tragen, die zur obersten Gesellschaftsschicht gehörten. Deshalb kann die Masse der Bevölkerung keine langen Haare getragen haben. Eher kann man vom Gegenteil ausgehen.

Hinzukommt, dass ihre Gewänder, weit entfernt davon Lumpen aus schlecht gegerbtem Fell zu sein, fein hergestellt und fröhlich koloriert waren. Die Männer trugen für gewöhnlich Mützen, Umhänge und Schuhwerk, während sich die Frauen in Gewänder mit langen Röcken kleideten, die sie mit Diademen oder anderem Haarschmuck kombinierten.

Natürlich gab es, je nach Insel und der sozialen Stellung, die sie innehatten, Unterschiede in der Kleidung.

Was die physische Charakteristik angeht, wurden die Ureinwohner in zwei Untergruppen eingeteilt: die Cromanoiden, mit breiteren und kräftigeren Gesichtern und kleinerer Statur, und die Mediterranoiden, mit feiner geschnittenen Gesichtern

Gewandtheit im Kampf

Die Guanchen waren mit einer außerordentlichen Beweglichkeit ausgestattet, die sehr nützlich war, um über gefährliche Abgründe zu springen. Sie liebten sportliche Spiele, von denen sich einige bis heute erhalten haben, zum Beispiel der *Lucha Canaria*. Er ist noch heute, sowohl bei den jungen, als auch den alten Kanaren sehr beliebt. Sie halten an der Überzeugung fest, dass er die nobelste aller Sportarten ist. Diese Qualitäten kamen ihnen zustatten, um lang dauernde Schlachten gegen verschiedene Invasoren durchzustehen, obwohl sie nicht im Besitz moderner Waffen waren. Die Konquistadoren aus Kastilien brauchten fast ein Jahrhundert, bis sie sich gegen den erbitterten Widerstand der Guanchen durchgesetzt hatten.

Ureinwohner von La Gomera
Guanchen, gezeichnet von dem italienischen Ingenieur Leonardo Torriani im Jahre 1592.

und höherer Gestalt.

Den Chronisten der Eroberer zufolge waren die Guanchen groß, gut gebaut und einige hatten blaue Augen. Untersuchen an Skeletten zeigen, dass die Männer zwischen 1,70 m und 1,85 m groß waren, wobei die von Fuerteventura die Größten, die von La Gomera die Kleinsten waren.

Konservierte Skelette im *Museo de la Naturaleza y el Hombre* von Teneriffa und vor allem im *Museo Canario* von Las Palmas de Gran Canaria, enthüllen, dass die Guanchen lange und schwere Knochen hatten, was uns zu der Überzeugung führt, dass sie über große Kräfte verfügten.

Es ist nicht so, wie oft angenommen wird, dass sie Giganten waren, aber verglichen mit den Europäern, die mehrheitlich nicht über 1,60m maßen, waren sie groß.

Wie kleideten sich die Guanchen?

Schöne Schmuckstücke
Sowohl die Frauen als auch die Männer benutzten eine große Vielfalt an schönen Schmuckstücken: Halsketten aus Tonperlen, Meeresschnecken, Stein oder Knochen; außerdem Diademe oder anderen Kopfschmuck, der aus Binsen, Palmenblättern und Blumen gearbeitet wurde. In den Museen aller Inseln sind Stücke konserviert, an denen man ihre feine Machart bewundern kann. (Oben r.)Halskette, in Tacoronte gefunden und ausgestellt im *Museo de Naturaleza y el Hombre* in Teneriffa.

Schuhe und Taschen
Im *Museo de la Naturaleza y el Hombre* auf Teneriffa ist ein Schuh ausgestellt, einer der zahlreichen archäologischen Fundstücke. Üblicherweise bestand das Schuhwerk aus Leder, das von Ziegen oder Schafen stammte. In Lanzarote und Fuerteventura wurden sie *Maho*, in Teneriffa *Xercos* genannt. Die Edlen von Gran Ganaria bevorzugten festeres Schuhwerk aus Schweinsleder. (Oben)Beutel aus Tierhaut, gefunden in Agaete und ausgestellt im *Museo Canario* von Las Palmas de Gran Canaria.

> „Die Kleidung der Kanaren war handwerklich so gut gearbeitet und gefertigt, wie die Besten unter uns es hätte machen können."
> **LEONARDO TORRIANI ANNO 1588**

Wie bereits zuvor erwähnt, haben wir die Vorstellung, dass die Guanchen Wilde waren, nahezu nackt und ohne Schuhwerk. Aber dem war nicht so.

Die Darstellung vom Guanchen mit nacktem Körper, höchstens eine Art kurzer Hose tragend, bezieht sich nur auf Zeiten des Kampfes, in denen er leichte Kleidung trug, um mehr Beweglichkeit zu haben. Aus jener Zeit rührten also die Beschreibungen der europäischen Eroberer, die ihrerseits mit den Vorurteilen der eigenen Gesellschaft behaftet waren, die selbst gerade erst dem Mittelalter entwachsen war. Diese Vorurteile halten sich bis heute.

Dir Guanchen kleideten sich jedoch in Gewänder, die mit Pflanzen-und Kräutersäften gefärbt waren und *Tamarcos* genannt wurden. Sie waren aus Leder hergestellt, da sie weder Leinen, Baumwolle noch Wolle kannten, obwohl sie Schafe besaßen. Diese gehörten jedoch zu einer Rasse, die keine Wolle gab.

Hauptsächlich besaßen sie zwei Arten von *Tamarcos*: eine kurze Ausführung für die heißen Tage, die sie in den Küstenzonen des Südens trugen; und eine lange Ausführung, die sie am Hals festbanden und die bis zu den Zehen reichte, um sich gegen die Kälte in den Bergen zu schützen. Sie erinnert an eine Art Decke, wie sie noch heute von den Bauern in La Esperanza auf Teneriffa getragen wird und die durch Folklore-Gruppe der *Los Sabandeños* populär gemacht wurde (obwohl ihre „Mantas"- Umhänge- aus England stammen und aus Wolle gefertigt sind).

Die höchste Genauigkeit, mit der die Kleidung der Guanchen angefertigt war, spiegelt sich in den Beschreibungen derjenigen wieder, die sie in Augenschein hatten nehmen können, wie der Mönch Alonso de Espinosa. Er schrieb 1594: „Ihre Tracht bestand aus einer Bekleidung, die aus Leder in Form eines Nachthemdes faltenlos genäht war, mit Riemen aus dem gleichen Leder, mit einer derartigen Sorgfalt und Feinheit, obwohl sie sich weder auf das Gerben, welches das Leder weichmacht, verstanden, noch Nadeln hatten, um so feine Nähte zu machen, dass man sie fast nicht sah, sondern

WIE KLEIDETEN SICH DIE GUANCHEN? 47

Identitäts-Zeichen

Der Gebrauch von *Tamarcos* war als Kleidung bei den Guanchen so üblich, dass sie während der Kolonisierung als Zeichen der Identität angesehen wurden. Deshalb erließ das *Cabildo* von Teneriffa (Inselregierung, die von den Spaniern eingerichtet wurde) im Jahre 1514 eine Anordnung, mit der den Inselbewohnern das Tragen verboten wurde.

» ...(Diese Kanaren), die mit *Tamarcos* bekleidet sind, so wie es üblich war, als sie noch keine Christen waren; und dass sie nicht (in die Stadt) kommen, sich am Sonntag nicht nähern, nicht an Festtagen, nicht an anderen Tagen, nicht den Kastiliern; sie gehen durch die Wüstengebiete und über die Berge in *Tamarcos* aus Leder, so wie sie gingen, als sie noch keine Christen waren. »

nur Fischgräten oder Stacheln einer Palme oder eines anderen Baumes."

Der Mönch fuhr in seiner Beschreibung fort: „Diese Art der Kleidung nannten sie *Tamarco* und wurde von Männern wie Frauen gleichermaßen getragen: allerdings trugen die Frauen aus Sittsamkeit unter dem *Tamarco* einen Unterrock aus Gamsleder, der ihre Beine bedeckte. In diesen Dingen waren sie sehr bedacht, da es als unschicklich für die Frauen galt, Brust und Beine zu entblößen".

Wie in der Lombardei

Leonardo Torriani war im Jahre 1588 auf den Inseln und stellte einen Vergleich an zu der Art, in der sich die Europäer kleideten: „Die Kanaren trugen Kleidung, die aus Palmblättern und Binsen in einer bewundernswerten und sehr künstlerischen Weise hergestellt waren...anstatt eines Hutes trugen sie das gefaltete Fell eines Zickleins in der Art einer deutschen Haube, die in Höhe des Halses zusammengebunden wurde. Diese Kleidung trugen die Edlen mit langem Haar, die Bürger mit rasiertem Kopf".

Und: „Die Frauen kleideten sich in bearbeitete Häute, so wie auch in der Lombardei und an anderen kalten Orten Kleidung aus Leder getragen wurde; und damit, wie mit einer Art Talar, verhüllten sie sich vom Hals bis zu den Füßen.

In die Haare flochten sie sich Binsen anstatt Bänder und ließen sie frei über die Schultern fallen, die Stirn blieb frei, als schönster Teil ihrer Schönheit. Alles, was sich auf die kanarische Kleidung bezieht, war so gut gemacht und geschickt genäht, wie es auch die Geschicktesten unter uns hätten machen können".

Der aus Palmblättern gewebte Stoff wurde von denen, die ihn sahen, derart bewundert, dass sie der Weberin großes Lob aussprachen: „Sie verdient es, gefeiert zu werden, so als sei sie eine *Aracne*, die berühmt war unter den Dichtern."

Tamarco der Frauen
(Oben) Frauen-*Tamarco* in der Ausstellung „Sehr viel mehr als ein ‚Tamarco' (*Mucho más que un ‚Tamarco'*) im archäologischen Museum der *Cueva Pintada* von Galdár auf Gran Canaria.

Die Gesellschaft der Guanchen:
Solide, stabil, lebensfroh

Reinheit des Blutes
Die Reinheit des Blutes der Königlichen Hoheiten musste gewährleistet sein. Um ein *Mencey* oder ein *Guanarteme* zu werden, musste diese Reinheit nachgewiesen werden. (Unten) Skulptur des *Mencey Acaymo* von Tacoronte auf der Plaza von Candelaria auf Teneriffa.

Zu dem Zeitpunkt, als die europäischen Konquistadoren um das Jahr 1402 herum die Kanaren erreichten, könnte die Gesamtbevölkerung der Guanchen auf allen sieben Inseln leicht die Zahl 100.000 gehabt haben. Die meisten Indizien für die Bevölkerungsdichte fanden sich in den Inseln Gran Canaria und Teneriffa.

In jedem Fall war es eine hohe Bevölkerungsdichte verglichen mit einigen Regionen Europas, in denen sie sich in der Zeit zwischen 1350 bis 1500 alarmierend verringert hatte. Das war der Schwarzen Pest und dem 100jährigen Krieg zwischen England und Frankreich Krieg, der Frankreich verwüstete, geschuldet. Als die Europäer auf die Guanchen trafen, hatte deren Gesellschaft eine mehr als zweitausendjährige Entwicklung hinter sich.

Sie war solide, fest gefügt, sehr lebendig und baute sich auf eine sehr gut regulierte soziale Ordnung auf.

Die Gesellschaft war pyramidenförmig aufgebaut: Es gab Könige, Edle, Honoratioren, Soldaten und Dorfbewohner. Auf Gran Canaria nannte man den König *Guanarteme* und auf Teneriffa *Mencey*. Auf Teneriffa gab es zwei Arten von Edlen im Rang unter dem König - die *Achimencey* und die *Cichiciquitzo*. In ihre Verantwortlichkeit fielen die Verwaltung, die Justiz und die Verteidigung des Territoriums.

Eine Vielzahl von Berufen
Der größte Teil der Bevölkerung gehörte zur Gruppe der *Achicaxna* (Dorfbewohner). Sie ging einer Vielzahl von Berufen nach: Sie waren Schäfer, Handwerker, Bauern, Soldaten, Priester, Heilkundige, Fischer, etc.

Bezüglich der Berufe berichtet uns Leonardo Torriani (Anno 1588), dass „die Kanaren Handwerker hatten, die Häuser bauten, Tischler, Seiler, die mit Kraut und Palmblättern arbeiteten und die Häute für die Bekleidung bearbeiteten".

König – nein, Edle – ja
Das Blut der Königlichen Hoheiten musste absolut rein sein. Um *Mencey* oder *Guanarteme* zu werden, musste diese Reinheit bewiesen werden.

Die soziale Stellung konnte sowohl am Haarschnitt und am

Bart als auch an der Farbe der Kleidung abgelesen werden. Auf Gran Canaria hatten die Edlen goldblondes Haar, das ihnen bis auf die Schultern reichte.

Einige von ihnen färbten sich ihre Haare mit Pflanzensäften, damit sie blonder wurden. In der Kleidung dieser Edlen überwogen die Farben gelb und rot.

Jeder Mann konnte Edler werden. Um dieses Ziel zu erreichen, musste er von einem anderen Edlen empfohlen worden sein und eine öffentliche Zeremonie über sich ergehen lassen. Seine Vornehmheit musste er beweisen, indem er vor dem Volke anderen Edlen Rede und Antwort zu stehen hatte.

Er durfte weder getötet, noch einen Diebstahl begangen oder sich einer Frau gegenüber unsittlich verhalten haben. Außerdem wurde es bei Einem, der Edler werden wollte, nicht geschätzt, wenn gesehen worden war, dass er Mahlzeiten mit eigenen Händen zubereitet hatte. Dieses wurde als Zeichen von Schwäche und minderer sozialer Stellung gewertet.

In dem Fall, in dem sich erwies, dass er gegen eine dieser Voraussetzungen verstoßen hatte, wurde er bestraft: Man schnitt ihm die Haare ab und vortan durfte er nicht mehr als ein *Achicaxna* (ein Dorfbewohner, kein Edler) sein.

Fisch- und Meeresfrüchtefang
Idealisierte Zeichnung, auf der sich eine Gruppe von Ureinwohnern gemeinsam dem Fang von Fischen und Meeresfrüchten widmet. Dieses Bild befindet sich im *Museo Canario* von Las Palmas de Gran Canaria.

Gerichtsverhandlungen der Guanchen

Gerichtsverfahren auf öffentlichen Plätzen
Man nimmt an, dass allein auf Teneriffa mehr als 70 Tagorores existierten, die sich mit der Zeit erweitert wurden und mehr alltäglichem Gebrauch dienten. (Oben) Original-Skulptur eines *Menceys* von Candelaria..

Die Gesetze waren von Insel zu Insel unterschiedlich. Wie uns die ersten Chronisten berichten, waren sie äußerst hart. Auf Teneriffa fanden die Gerichtsverhandlungen auf einem öffentlichen Platz, der *Tagoror* genannt und auch für andere Zwecke genutzt wurde, statt. Das Gericht setzte sich aus einer Gruppe (überwiegend alter)Edler, den *Achimenceyes*, zusammen, Verwandten des Königs und angesehenen Leuten.

Es wird angenommen, dass allein auf Teneriffa mehr als 70 *Tagorores* existierten, die nach und nach erweitert und zu Plätzen des alltäglichen Lebens wurden: Zu Orten, an denen sich die Inselbewohner einfach trafen – den *Plazas*.

In diesem Sinn wurden sie vom Pater Alonso de Espinosa im Jahre 1594 beschrieben:

„"...(Alle Kanaren) hatten für gewöhnlich einen *Tagoror* vor ihren Häusern, größer oder kleiner, je nach Art und Vermögen Desjenigen, bei dem sie sich zu ihren Gesprächen trafen. Und es war Sitte, dass, wenn ein Gast kam, er nicht ins Haus eintrat, sondern auf dem Tagoror Platz nahm, ohne ein Wort zu sprechen und wartete, bis der Herr des Hauses herauskam und sich zu ihm gesellte".

Auf Gran Canaria existierte etwas Ähnliches wie der *Tagoror* von Teneriffa, aber das Wort, mit dem diese Stätte benannten wurde, ist nicht bis in unsere Zeit überliefert worden. Man weiß, dass sich das Gericht aus dem *Guanarteme* (König), dem *Faycan* (Oberpriester) und sechs *Guaires* (Ratgeber des Königs oder Befehlshaber) zusammensetzte. Ihre Funktion war es, den König in Fragen der Regierung und der Justiz zu unterstützen.

Beispiele der Gesetzgebung

Auf Gran Canaria und Fuerteventura stand auf Mord die Todesstrafe und auf Raub Gefängnis. Auf El Hierro wurde denen, die einen Raub begangen hatten, entweder ein Körperteil, zum Beispiel eine Hand abgehackt oder ein Auge ausgestochen. Auf Teneriffa, so nimmt an, gab es keine Todesstrafe. Die Strafe für Mord bestand für den Täter in der Beschlagnahme all seiner Habe, um die Familie des Getöteten zu entschädigen und anschließend die Ausweisung des Schuldigen aus dem *Menceynat*. Ein über alle Inseln verbreiteter Brauch war es, den verurteilten Delinquenten die Haare abzuschneiden.
Auf einigen Inseln wie auf Gran Canaria und Teneriffa waren die Frauen per Gesetz geschützt: „Wenn ihr an einem einsamen Ort eine Frau antrefft, lasst es euch nicht einfallen, das Wort an sie zu richten. Kein Mann darf sich brüsten, kein mutiger Krieger, darf es wagen, das Tabu zu brechen, an eine Frau an einem einsamen Ort das Wort zu richten, außer wenn sie es vorher erlaubt hat." Wenn es sich um Gesetze diplomatischen oder außenpolitischen Inhalts handelte, ließen die Guanchen keinen Raum für Zweifel. So auf La Palma, wo ein Gesetz anordnete, dass alle getötet werden sollten, die von außerhalb auf die Insel kamen.

Der Gerichtsplatz von *El Julán*

DIE ARCHÄOLOGISCHE ZONE von *El Julán* im Süden der Insel El Hierro liegt in einem abgeschiedenen und von ständigen seismischen Aktivitäten betroffenem Gebiet. Die Bewohner dieses Ortes, die *Bimbache* – so wurden die Ureinwohner dieser Insel genannt – schmückten das Gebiet reichhaltig mit Steingravierungen. Einige dieser Felsengravuren hat man als libysch-berberische Inschriften indentifiziert. Jedoch weist ein Teil von ihnen antropomorphen Figuren menschlicher Art auf, die wegen ihrer schwierigen Deutung noch immer Rätsel aufgeben. Sehr nahe bei *El Júlan* wurden die Reste eines antiken Versammlungsplatzes gefunden, ein *Tagoror*, der ohne Zweifel der am besten erhaltene aller Inseln ist. Auf diesem *Tagoror* nahm der König Treue-Eide entgegen, hielt Versammlungen ab und kümmerte sich um die Rechtspflege.

Die Politik der Guanchen, die Territorialmacht

„Der König Don Juan (I. von Kastilien) schickte eine Armada [...] über das Meer und setzte als Kapitän einen Ritter von der Biscaya ein, der sich Martín Ruiz de Avendanyo nannte, welcher alle Küsten der Biscaya, Galiciens und England befahren hatte. Das war um das Jahr 1377, mehr oder weniger. Während er segelte, gab es einen Sturm, der ihn veranlasste, Lanzarote anzulaufen, und er suchte den Hafen auf. Und der Kapitän und seine Mannschaft gingen an Land, und die Einwohner empfingen sie in Frieden und boten ihnen Erfrischungen an von dem, was es in dem Land gab, Fleisch und Milch und Käse, auf dass seine Armada Erholung fände; und er wurde im Haus des Königs namens Zonzamas untergebracht".

CHRONIK DES JAHRES 1377, NACHERZÄHLT VON JUAN DE ABREU GALINDO ANNO 1590

Der Añepa, der Stock des Königs
Die wichtigste Insignie der Führung und der Macht des Königs (*Mencey*) auf Teneriffa war der Añepa. Einige von ihnen waren von sehr großer Länge, damit sie von weither gesehen werden konnten.

Die Daten, die man über die politische und territoriale Organisation der Guanchen zusammengetragen hat, stammen von Autoren aus der Zeit vor der Invasion durch die Europäer. Wie wir schon erwähnt haben, hatte jede Insel ihre eigene soziale und gesetzliche Entwicklung. In diesem Sinne gab es auf einigen Inseln nur einen einzigen König, auf anderen teilten sich bis zu zwölf Könige die Macht, indem sie die territorialen Grenzen gut absteckten.

Lanzarote und El Hierro
Auf der Insel Lanzarote, die *Titerogakaet* und auf El Hierro, das *Eseró* genannt wurde, gab es keine territoriale Teilung, oder, was das gleiche bedeutet: Jede Insel war ein einziges Gebiet, das von nur einem König regiert wurde.

Zu der Zeit, als die Franko-Normannen auf Lanzarote ankamen, war Guadarfia dort König, und seine Residenz befand sich in der Siedlung von Zonzamas. Heutzutage ist Zonzamas eine ausgedehnte archäologische Ausgrabungsstätte, die sich über die Gemeinden von Arrecife, Teguise und San Bartolomé hinzieht. Sie wurde zur „Stätte von Kulturellem Interesse" deklariert. Zudem gibt es das Projekt, dieses Gebiet in einen archäologischen Park mit einem dort stehenden Museum umzuwandeln.

Fuerteventura
Fuerteventura, das *Erbania* hieß, war in zwei Königreiche geteilt. Einigen Autoren zufolge waren sie durch eine Mauer getrennt (von der noch Überreste an einem Ort erhalten sind, der *La Pared* -die Wand- genannt

wird). Allerdings ist heutzutage umstritten, ob die Daten stimmen. Die Königreiche waren *Jandía* im Süden und *Maxorata* im Norden, die jeweils von Ayose und Guise regiert wurden.

La Gomera und La Palma

Auf La Gomera, *Gomahara* genannt, gab es vier Kantone: *Agana*, *Orone*, *Mulagua* und *Hipalan*, während auf La Palma, bekannt als *Benahoare*, 12 Königreiche existierten: *Tijarafe*, *Tagalgen*, *Aridane*, *Tihuya*, *Tamanca*, *Ahenguareme*, *Tedote*, *Tenagua*, *Tigalate*, *Tagaragre*, *Adeyajamen* und *Aceró*. Das letztgenannte Reich stimmt mit der Zone von *La Caldera de Taburiente* überein und bedeutet „starker und unverletzbarer Ort". Sein König war der legendäre *Tanausú*.

Gran Canaria und Teneriffa

Es wird angenommen, dass zu Beginn der Konquista auf Gran Canaria, dessen Name *Tamarán* war, etwa 40.000 Menschen lebten. Es bestanden zehn *Guanartematos*, die kurz vor der Eroberung zu zwei Gebieten zusammengelegt wurde: das von *Gáldar* und das von *Telde*. In jedem der beiden Königreiche gab es ein Verwaltungszentrum, eine große Stadt mit hoher Bevölkerungsdichte, in welcher der König (der *Guanarteme*) mit seiner Familie zu leben pflegte. Dieser beauftragte *Guayres* (oder einen, der aus demselben Distrikt war) mit der Regierung in anderen Gebieten des Königreichs.

Achinech hieß die Insel Teneriffa. Die neun *Menceyatos*, die sie teilten waren: *Anaga*, *Adeje*, *Tegueste*, *Tacoronte*, *Taoro*, *Abona*, *Guimar*, *Icode* und *Daute*. Das Zentrum der Insel, wo sich der Vulkan *El Teide* und seine Ausläufer befinden, war Gemeinschaftseigentum, der als Weiden für die Herden genutzt wurde.

***Aceró*, der starke Ort**
(Oben) Der König der *Calderá de Taburiente* auf der Insel La Palma war der sagenumwobene *Tanausú*.

Der Eid auf die Vorfahren

Der König, *Mencey* genannt, wurde öffentlich auf dem *Tagoror* gewählt. Er musste eine reine Ahnenreihe vorweisen, um das Amt bekleiden zu dürfen. In der Zeremonie schwor der neue König Pflichtbewusstsein bei den Knochen des ältesten seiner Vorfahren. War er zum Mencey gewählt, übergaben sie ihm den Añepa, eine Art Stock-Lanze als Zeichen der Würde. Jedes Jahr verteilte der *Mencey* Land an die Familien der Edlen.

Die Guanchen-Frau
– schön und kriegerisch

„Die Kanaren heirateten nicht mehr als eine Frau, auch wenn von schon benannten Autoren andere Dinge behauptet werden. Es ist auch nicht wahr, dass die Gebärenden in Tempel geschickt wurden. Ebenso wenig stimmt es, dass sie nach der Geburt von ihren Männern getrennt wurden und dass diese befugt gewesen wären, sich Sklavinnen zu kaufen, um ihren Appetit zu befriedigen und zu stillen... sie kannten so etwas wie Sklaven nicht...".
JUAN DE ABREU GALINDO **ANNO 1590**

Ureinwohnerin von El Hierro
(Unten) Guanchen-Frau, gezeichnet vom italienischen Ingenieur Leonardo Torriani im Jahre 1592.

Die Rolle der Frau in der Gesellschaft der Guanchen war sehr wichtig. Es wurde generell angenommen, dass die Gesellschaft patriarchalisch ausgerichtet war. Wahr ist hingegen, dass dies nicht auf allen der Inseln der Fall war.

Auf einigen Inseln wurden so wichtige Dinge wie das Erbe, die Verwandtschaft oder der Ort des Aufenthaltes über die mütterliche Linie geregelt. So war es der Fall auf La Gomera, El Hierro und Gran Canaria. Auf Gran Canaria waren es sogar die Frauen, welche die Weitergabe der königlichen Macht bestimmten.

Als die Guanchen der Insel Gran Canaria sich den Invasoren beugten und kapitulierten, taten sie dies indem sie die schöne Nichte des letzten *Guanarteme*, die schöne Arminda, auf einer Trage zu den neuen Herren brachten, und sie ihnen in einer Zeremonie mit allen Ehren anvertrauten. Denn sie war es, die die Macht über ihr Volk innehatte.

In anderen Fällen, wie auf der Insel La Palma, zogen Frauen mit den Männern gemeinsam in die Schlacht. Sie waren im Kampf derart wild und kriegerisch, dass die Konquistadoren sie *Amazonen*

Eheschließung und Scheidung

Die Forscher haben viel über Vermählungsarten je nach Insel und sozialer Stellung herausgefunden. Es kam öfter vor, eine Frau mit mehreren Ehemännern anzutreffen und Edle, die reich waren und mehrere Frauen unterhalten konnten. Aber nach Abreu Galindo war die Monogamie doch am üblichsten. Scheidung jedoch war auch problemlos möglich, wenn nur einer der Partner sie wünschte. In den höchsten sozialen Schichten der Könige und Edlen gab es die Endogamie der Klasse (biologische Verwandtschaft). Allerdings war es auf La Gomera genau umgekehrt: die höchsten sozialen Schichten waren verpflichtet, sich mit Partnern aus anderen Familienlinien zu verheiraten, um so neue Allianzen zugunsten von Frieden und Solidarität zu schaffen.

nannten. Sie zogen damit eine Parallele zu den Amazonen der Mythologie, die der griechische Geschichtsschreiber Herodot in seinen Werken unsterblich machte.

Eine weitere legendäre Geschichte über eine kämpferische Frau ist die von Prinzessin *Guacimara* von Anaga. Sie half unermüdlich mit, die Anlandung der Invasoren an den Stränden von Añaza zu verhindern. Der Mut, den sie in den Schlachten bewies, in Verbindung mit ihrer Schönheit, hielt viele der Eroberer davon ab, sich ihr im Kampf entgegenzustellen. Dieser Legende zufolge geschah es, dass sich die Frau lieber selbst tötete, als sich von den Spaniern gefangen nehmen zu lassen. Sie stürzte sich von den Klippen mit dem Schrei: *Vacaguaré* (lieber sterbe ich). Dieses Selbstmord-Ritual war traurigerweise bei den Guanchen üblich, um ihre Liebe zur Freiheit zu demonstrieren.

Die Strände von Añaza
(Oben) Ausschiffung der Konquistadoren an den Küsten des Anaga-Gebirges, wo sie auf die Prinzessin *Guaciamara* trafen.

„Nach dem Monat Juni schickte Pedro de Vera eine Nachricht an Don Fernando Guanartheme, in der dieser aufgefordert wurde, seine Nichte (Arminda) mit den anderen Edlen, ihren Verwandten, nach Real (Stadt Las Palmas) zu schicken, um sich an ihn zu übergeben, wie es in einem Pakt besiegelt worden war; und dann bekamen sie den Befehl, sie von Tirajana nach Telde zu bringen, ohne dass ein einziger spanischer Christ sie begleitete. Vier Anführer der Edlen mit langen blonden Haaren trugen sie auf ihren Schultern, sitzend in einer Art Tragegestell, gekleidet in feines zimtfarbenes Gamsleder in der Art von Schweinsleder oder anderer Häute gegerbt; vor den Trägern gingen vier Anführer mit gegerbten Umhängen aus Leder (*Tamarcos*) in Kniehosen, mit Kopfschmuck und geschmückten Füßen, und ansonsten nackt. An der Seite der Träger, ein wenig dahinter, gingen zwei ihrer Onkel *Faisajes* und dann kam eine große Gefolgschaft von Männern, die sich alle anboten, abwechselnd die Sänfte zu tragen.

Pedro de Vera kam mit einem großen Gefolge, um sie zu empfangen, und die Übergabe fand statt unter den Worten und mit Hilfe eines Dolmetschers, dass hier die Herrin über das ganze Land käme, einzige Erbin und legitime Tochter des Herrn Guanarthemy Guanachy Semidan, der legitime Herrscher und Nachfolger aus der wahrhaftigen Ahnenfolge und Besitzer über das Land; und als solche überantworte sie sich freiwillig und mit ihr all ihre Onkel und Verwandten, die mit ihr gekommen waren und ihrerseits über dieses Land regierten, im Namen und unter dem Wort ihres sehr mächtigen und katholischen Königs Don Fernando, ihre Person und die Personen an den großen Anführer der Christen, der dort anwesende Pedro de Vera, der vom König von Kastilien und León gesandte.

Pedro de Vera und alle anderen Ritter empfingen die Prinzessin stehend. Sie umarmte alle mit großer Freundlichkeit. Alle Canarios trugen ihre Haare offen auf den Schultern, und Prinzessin Arminda, die von den Spaniern Almendrabella [„hübsche Mandel" – Anm. d. Ü.] genannt wurde, war bekleidet mit einem bis zu den Knöcheln langen Überrock aus Gamsleder mit Ärmeln bis zu den Ellebogen und spitzen Schuhen aus demselben Material. Unter dem Überrock trug sie eine lange Tunika und ein miederähnliches Wams aus fein gegerbtem Schafsleder. Ihr Haar war lang und blond, kunstvoll hergerichtet und mit Kopfschmuck aus Spanien geschmückt. Das Kleid war bunt bemalt. Sie war etwa 20 Jahre alt, von kräftiger Statur, robust, von eher brauner Hautfarbe, mit großen lebendigen Augen, mit einem leicht lächelndem Gesichtsaudruck, von gefeierter Schönheit, mit einem etwas breiten Mund, einer kleiner Nase mit etwas breiten Flügeln, einem rundlichen Hals und großen Brüsten".

ERZÄHLUNG
DIE ÜBERGABE DER KÖNIGIN ARMINDA

Im Jahre 1687 schrieb Don Tomás de Cubas seine Erzählung über die Übergabe der Königin Arminda an den Eroberer Pedro de Vera.

Don Tomás Arias Marín de Cubas war ein Arzt und Geschichtsschreiber, geboren im Jahr 1643 in der Stadt von Telde auf der Insel von Gran Canaria.

Geschichte der sieben Inseln der Kanaren, zum ersten Mal veröffentlicht im Jahre 1687, ist ein Werk, das der Nachwelt überliefert wurde. Dies ist ein Auszug aus diesem Buch.

Wie sahen ihre Häuser aus
Reihenhäuser und Höhlen

„Andere stellten beim Eintreten der Häuser fest, dass sie mit großem handwerklichen Geschick aus quadratischen Steinen erbaut worden waren. Als Dach diente altes, feines Holz. Die Wände im Inneren erschienen sehr weiß, so als wären sie mit Gips geweißelt worden".
NICCOLOSSO DA RECCO ANNO 1341

„Reihen"-Häuser
(Oben) Archäologische Lagerstätte im Barranco von Mogán auf Gran Canaria (Unten) Idealisierte Zeichnung von den Häusern der Ureinwohner auf Gran Canaria. Dieses Bild befindet sich im *Museo Canario* von Las Palmas de Gran Canaria.

Die Guanchen lebten aufgrund der geografischen Beschaffenheit der Inseln in versprengten Siedlungen. Diese bestanden aus Häusern, Hütten und Höhlenwohnungen.

Auf den östlichen Inseln gab es mehr Häuser und Hütten, die sich zu großen Siedlungen fügten. Auf Gran Canaria waren sie als eine Art Reihenhäuser konstruiert, die mehrere Generationen überdauern konnten, da sie sehr solide und gut gefertigt waren. Dafür brauchte man Maurer und Tischler. Die Häuser hatten Türen und verschiedene Räume. Die Dächer wurden aus Holzbalken hergestellt und an Stelle von Dachziegeln Steinplatten, die mit Stroh und Ton abgedichtet wurden. Im Inneren des Hauses gab es unbedachte Zonen in Form eines Patio mit Bänken, um sich setzen zu können.

Im Zentrum des Hauses befanden sich eine Feuerstelle aus Stein (aus einem Stück) und weitere Dinge zum Kochen. Die anderen Räume dienten als Schlafzimmer und als Vorratslager.

Hütten und Höhlen

Die Hütten hatten einen runden oder ovalen Boden und waren aus Steinen und Ästen zusammengefügt. Auf La Gomera und auf El Hierro waren sie sehr groß und halb in die Erde eingegraben. Auf Teneriffa, wo man natürliche Höhlen für den Wohnungsbau nutzte, waren die Behausungen eher klein. Ausgebaut wurden sie mit Hilfe von pflanzlichen Materialien. Auf Fuerteventura nutzte man die Höhlen als Pferch für Tiere.

Eine andere Art der Behausung stellte die künstliche Höhle dar. Die Guanchen bearbeite-

ten die Felsen und schufen so Siedlungen von sehr großer Vielschichtigkeit: mit Wegen, Treppen, Wohnungen, Scheunen und hydraulischer Kanalisation. Man fand künstliche Höhlen mit einer Höhe von zwei Stockwerken, mit Türen und Fenstern, damit ins Innere mehr Licht einfallen konnte.

Nach der Orografie (darstellendes Relief der Erdoberfläche) der Inseln, vor allem der westlichen, waren die natürlichen Höhlen auch reichlich bewohnt. Sie boten ausgezeichnete Bedingungen, was Temperatur, Feuchtigkeit und Wasser betraf. Einige wurden für die Viehhaltung genutzt, andere als Grabstätte. Die meisten Höhlen fand man in der Nähe der Küsten und in den Barrancos (Schluchten). Um sie auszustatten, errichtete man Mauern und bewegliche Stellwände aus Binsen.

Ausgegrabene Höhlen
(Oben) Häuser der Guanchen auf Teneriffa, gezeichnet von Leonardo Torriani am Jahre 1592. (Unten) Die Höhle der Töpferin María Guerra in Santa Brígida, Gran Canaria.

Die Innendekoration

Leonardo Torriani enthüllte uns 1592 das Geheimnis, in welchem Zustand und wie diese Häuser und Hütten dekoriert waren: „Die Zeichnungen, nicht von Menschen oder Tieren, wie sie bei uns üblich sind – nichtsdestotrotz Arbeiten, um das Innere der Häuser zu verschönern und es zu schmücken – waren Sache der Frauen". Der italienische Chronist erzählt, dass „sie diese Zeichnungen mit dem Saft von Blumen und Pflanzen ausführten, da sie weder Zinnober, Mennige, noch eine andere Farbe kannten, die man aus den Tiefen der Erde holt".

In Bezug auf die verwendeten Farben sagt uns der Dichter Antonio Viana (1604):"Die Kanaren verwenden zum Malen Farben aus Kohle, Rötel, verschiedenen Säften von Kräutern und der Milch von wilden Feigen. Die Augen werden sofort von der schön gemalten Bildfläche angezogen, und trotz der groben Nuancen und der merkwürdigen Machart erscheinen die Figuren sehr lebendig".

Die Religion der Guanchen:
Anbetung von Gottheiten und Sternen

„Auf Canaria und anderen beiliegenden Insel, welche die Glücklichen Inseln genannt werden, gibt es Personen des einen oder anderen Geschlechts, die keine Gesetze haben, auch keiner Sekte folgen, hingegen nur die Sonne und den Mond anbeten".
ÁLVAREZ DELGADO VON 1945 – URBANO(BULA DE 2-IX-1369) ANNO 1359

El Roque Nublo - Der umwölkte Felsen
(Unten) *El Roque Nublo* wurde als Kultort genutzt. Heutzutage ist er einer der emblematischsten Orte in der Natur der Insel Gran Canaria.

Seit Mitte des 14. Jahrhundert waren Missionare der Franziskaner dabei, den Archipel zu evangelisieren. Deshalb könnte die Interpretation, die Chronisten nachträglich über die Religion der Guanchen gegeben haben, verzerrt sein.

Wie es in allen überlieferten Kulturen üblich war, begriffen sie ihre Herkunft und Kultur auf drei Ebenen: der Unterirdischen (von den Toten), der Oberirdischen (materiell) und den Geistigen (Sterne).

Sie richteten sich nach einem Kalender, der mit der Sommersonnenwende begann und mit dem Neumond jeden Monats fortgeführt wurde. Sie glaubten an einen einzigen Obergott, der den Himmel und die Erde geschaffen hatte. Einige Autoren bestätigen, dass sie die Sonne,

Tempel und Rituale

„Wenn der Regen ausblieb, veranstalteten sie eine Prozession, mit Ruten in den Händen, und die Magadas (Frauen der Guanchen) trugen Becher mit Milch und Schmalz und Palmenzweige. Sie gingen zu diesen Bergen (*Tirmac* und *Umiaya*) und dort verschütteten sie Milch und Schmalz und vollführten Tänze und sangen *Endechas* (kanarische Musik), während sie einen Felsen umkreisten; und von dort gingen sie zum Meer und peitschten mit den Ruten das Wasser und alle zusammen stießen laute Schreie aus".
Abreu Galindo. Anno 1590

Man kann davon ausgehen, dass das Leben dieser Frauen und Männer angefüllt war mit Mystizismus und Religiosität. Es gab viele Kultstätten: von Kapellen zum Beten, die nur zu diesem Zwecke gebaut worden waren, bis hin zu Tempeln auf den höchsten Felsen wie der von *Tirma* von Galdár auf Gran Canaria. Auf einigen Gipfeln von La Palma sind noch Reste von Steinstrukturen erhalten, die als rituelle Plätze genutzt wurden. Auf Teneriffa wurden Höhlen als Kirchen benutzt, so wie es im Fall der *Virgen de Candelaria* geschah. Man weiß so gut wie nichts über diese Riten. Auf Gran Canaria führten Priester, *Faycanes* genannt, Rituale mit dem Ziel durch, dass es regnen möge. Dafür stiegen sie auf einen Berg, und nachdem sie Zweige abgebrochen und einen zeremoniellen Tanz aufgeführt hatten, stiegen sie hinab zum Meer und schlugen den Zweigen aufs Wasser. Heutzutage wird in Agaete auf Gran Canaria Anfang August die „*Fiesta der Zweige – (Fiesta de la Rama)*" gefeiert, die auf das Ritual der Guanchen zurückgeht. Heute allerdings wird es zu Ehren der *Virgen de las Nieves* gefeiert. Es erfreut sich großer Popularität bei den Bewohner Gran Canarias.

den Mond und andere Planeten anbeteten, allerdings deshalb, weil sich darin der Obergott manifestierte. Auf La Palma nannten sie diesen *Abora*, auf Teneriffa *Achaman* und auf Gran Ganaria *Acoran*.

Zudem glaubten die Guanchen an böse Geister, die Krankheiten und anderes Schlechte brachten. Die Geister sollten sich angeblich in Gestalt unheimlicher Tiere zeigen und an bestimmten Orten leben, die große Furcht auslösten. Das Böse, in Gestalt von Monstern lebte in der Unterwelt, und sie sprachen mit den Menschen durch den „Mund" der Barrancos (Schluchten) und Höhlen. Auf Gran Canaria wurden sie *Ticicena*, auf La Palma *Iruene*, *Hirguan* auf La Gomera und *Guayota* auf Teneriffa.

Marín de Cubas legte 1694 dar, dass die Geister sich dort befanden, *„wo es Vulkane, Schwefel und Feuer gibt"*. Teneriffas gewaltigen Vulkankegel von zweitausend Metern Höhe, der die Mitte der Insel ausfüllt, kannte man unter dem unheimlichen Namen *Teide* und *Taraire* (also die Hündin und das Scheusal) und die Insel als *Echeyde* (was man problemlos mit *Hölle* übersetzen könnte).

Ein menschlicheres Antlitz der Gottheit beschreibt Niccoloso Da Recco 1341 in seinen ersten Chroniken, obwohl wir dafür keine archäologischen Beweise haben, die das bestätigen: „Wir fanden auch eine Kapelle oder einen Tempel, wo es absolut keine Bemalung oder eine andere Ausschmückung gab außer einer aus Stein gehauenen Statue. Sie trug das Aussehen eines Mannes trug, der eine blanke Kugel in seinen Händen hielt, und seine Scham war mit Palmblättern bedeckt, wie es der Brauch war".

Die Kapelle von Da Recco
(Oben) Anno 1341 beschrieb der Entdecker Da Recco einen seltsamen Tempel mit der Figur eines nackten Mannes, der eine Kugel in Händen hielt.

Weibliche Idole
Figuren mit weiblichen Zügen waren sehr beliebt in den Töpferarbeiten der kanarischen Ureinwohner. Tonfigur, gefunden in Galdár und ausgestellt im *Museo Canario* von Las Palmas de Gran Canaria.
(Unten) Der Vulkan El Teide auf der Insel Teneriffa.

Chaxiraxi,
Die mysteriöse Jungfrau der Guanchen

Die Höhle von San Blas
(Unten) Die Höhle, in der die Guanchen die Jungfrau anbeteten.

Eines der größten Mysterien und Rätsel der Guanchen ist die Anbetung einer christlichen Figur, lange bevor die europäischen Eroberer ankamen. Nach der Berechnung von Abreu Galindo erschien diese Figur zwischen 1390 und 1400 am Strand von *Chimisay* in Guimar, Teneriffa.

Es war eine etwa einen Meter große, aus Holz geschnitzte Figur, welche die Jungfrau Maria darstellte. Ihre Haltung war aufrecht, mit erhobenem Kopf und geradeaus blickend. In ihrem rechten Arm trug sie das nackte Jesuskind und in der linken Hand den Stumpf einer grünen Kerze, die wiederum als Kerzenhalter diente. Dieses Detail gab der Jungfrau ihren Namen: *Virgen de la Candelaria* [span. Candela – Kerze].

Ihr Haupt war unbedeckt, ohne Tücher und ihr Angesicht war unverhüllt. Das Haar war von blonder Farbe und fiel lose über ihre Schultern. Die Original-Farbe ihrer Haut war weißlich, aber durch den Rauch der Kien-Fackeln, mit denen die Guanchen sie beleuchteten, dunkelte die Farbe nach. So kam die *Virgen* zu ihrem neuen Zunamen „*La Morenita*" (liebevoll „die Dunkle").

Nach der Chronik von Pater Alonso de Espinosa (1594), tauchte die Figur etwa 40 Meter von der Küste entfernt auf. Wie sie dort hinkam, ist immer noch unbekannt.

Einige Autoren meinen, dass die Figur von Bord eines Schiffes geworfen wurde, um den Boden für die Eroberung vorzubereiten; und dass Franziskaner-Mönche, die zu diesem Zeitpunkt schon mit der Evangelisierung der Inseln begonnen hatten, diese Erscheinung als List nutzten, um sie als Mutter ihres Gottes zu identifizieren. Aber all dieses sind nichts weiter als Mutmaßungen.

Die Guanchen gaben dem Bildnis ein Zuhause in einer Höhle des Barrancos *Chinguaro*. Später brachten sie die Figur in die Höhle von *Achbinico*, die heute Höhle von San Blas heißt. Und dort wurde die *Basílica de la Virgen de Candelaria* errichtet. An diesem Platz wurde das Fest *Beñesmer*, eine der Feiern zu Ehren der Jungfrau im August.

Nachdem die Inseln erobert worden waren, erklärte Pabst Clemente VIII die Jungfrau 1559 zur Schutzpatronin der Inseln. Aber dieses Abbild verschwand, denn 1826 wurde es von einem heftigen Unwetter, mit Regengüssen und hohen Wellen, ins Meer gerissen. Bis zum heutigen Tage weiß man nichts über den Verbleib der Figur.

Man weiß heute aber ganz genau, wie dieses Abbild der Jungfrau, das die Guanchen so verehrten, aussah. Das ist den Markgrafen von Adeje zu verdanken, die im 16. Jahrhundert eine Replik hatten anfertigen lassen. Diese, die in einem sehr guten Zustand ist, wird in der Eremitage von Santa Ursula in der Stadt Adeje aufbewahrt.

Die ursprüngliche Candelaria
Exakte Replik der Jungfrau, die von den Guanchen angebetet wurde.

Die *Harimaguadas*,
Die Vestalischen Jungfrauen der Kanaren

„Unter den kanarischen Frauen gab es viele, die sehr religiös waren. Sie lebten in Zurückgezogenheit und von dem, was die Edlen ihnen gaben, deren Häuser und Wohnsitze von hohem Rang waren. Sie unterschieden sich von den anderen Frauen, indem sie lange Lederumhänge trugen, die hinter ihnen herschleiften und weiß waren: Sie wurden *Magadas* genannt".
JUAN DE ABREU GALINDO ANNO 1590

La Cueva de Cuatro Puertas – *Die Höhle der Vier Türen*
(Unten) Die Funktion, die diese Höhle, die von den Ureinwohnern von Gran Canaria ausgehoben wurde, gehabt haben könnte, ist unbekannt. Einige Autoren vermuten, dass diese Siedlung eine Wohnstätte der kanarischen Priesterinnen gewesen sein könnte.
(Oben) Relief einer römischen Vestalin.

Seit seinen Anfängen wurde das Römische Imperium – symbolisch – von einer Gruppe von Frauen beschützt, die in frühester Jugend unter den perfektesten Mädchen der Stadt ausgewählt worden waren. Die Vestalischen Jungfrauen waren eine Gruppe von Priesterinnen, deren Hauptaufgabe darin bestand, das Heilige Feuer der Göttin Vesta nie ausgehen zu lassen.

Das Volk setzte in sie derart großes Vertrauen, dass die wichtigsten Staatsdokumente und Reliquien von ihnen beschützt werden sollten.

Maguada war das Wort, mit dem auf der Insel Gran Canaria vor der spanischen Eroberung die jungen Mädchen bezeichnet wurden, die der Religion und dem Gebet geweiht worden waren. Und die *Harimaguadas* waren die Frauen, denen die Erziehung der *Maguadas* oblag, weshalb diese in der Gesellschaft der Ur-Kanaren sehr hoch angesehen waren.

Die Chronisten aus der Zeit, beeinflusst von der christlichen Mentalität, stuften diese Gruppe von Frauen als eine Art Nonnen ein. So wird in der Chronik von Oventense von 1639 festgehalten, dass die *Guanartemes* „Häuser mit Mädchen, die dort eingesperrt

und eingemauert waren", hatten.

Antonio de Viana zufolge - der erste Autor, der diesen Ausdruck benutzte -, war „dieses Amt Aufgabe von Jungfrauen, die jungfräuliche Reinheit gelobt hatten. Sie lebten in Klausur in großen Häusern und Höhlen wie in Klöstern".

In den Häusern dieser Priesterinnen wurden die jungen Mädchen im Weben von Binsen und Palmblättern unterrichtet. Sie lernten, *Tamarcos* zu nähen, Häute zuzuschneiden und zu behandeln, zu töpfern und mit Farben umzugehen und jede Art von Körperschmuck herzustellen.

Abreu Galindo erzählt, dass „die *Harimaguadas*, Frauen, die für den religiösen Kult auserwählt worden waren, Häuser hatten, in denen sie Gott in der Höhe anvertraut waren. Sie nannten diese Häuser *Almogaren*, was „Heiliges Haus" bedeutet und die sie jeden Tag mit Milch besprühten".

Mönch José de Sosa entdeckte ein Manuskript von 1678, in dem die Chronisten schon das Haus der Maguadas von Galdár (Gran Canaria) erwähnten: „Es besteht die Tradition, dass dieses Haus, welches sehr farbenfroh ist, der Palast war, in dem die heimeligen Mädchen ihrer Religion nachgingen, und Maguadas genannt wurden". Anschließend erklärt er, dass „auch unsere kanarischen Mädchen von ihrem König Guanarteme in seinem Palast aufgenommen wurden, wobei von allen Inseln nur die gehorsamsten und tugendhaftesten Geschöpfe ausgewählt wurden, die aufgrund ihrer Schönheit, Gepflegtheit und der Gewissenhaftigkeit, mit der sie ihr Leben lebten, dafür geeignet schienen; die sehr anständig und von Allen geachtet wurden, und von ihren edlen Vätern im Alter von acht bis zwölf Jahren für diese Aufnahme ange-

Vestalische Jungfrauen
Römische Vestalinnen.
(Rechts) Speicher des Komplexes der *Cueva de Cuarto Puertas*.

Fernando de Guanarteme
Skulptur von Tenesor Semidán in Galdár, Gran Canaria, als Fernando de Guanarteme getauft.

boten wurden, da jedes Mädchen eines anderen Alters vom König abgewiesen wurde. Die Aufenthaltsdauer innerhalb der Mauern betrug 25 bis 30 Jahre, nach deren Ablauf die Frauen, sofern sie dies wünschten, heiraten durften, wobei Andere ihre Jungfräulichkeit und das Leben in der Klausur ihr Leben lang fortführten".

So berichtet der Mönch, dass die Hingabe an den religiösen Kult zum Zwecke der Heirat unterborchen werden konnte, wenn der König, der das das Recht der ersten Nacht hatte, seine Einwilligung dazu gab: „Wenn eine von ihnen sich zu verheiraten wünschte, nachdem sie fünfundzwanzig oder dreißig Jahre in der Klausur verbracht hatte, schlief sie zuerst mit dem König Guarnarteme, und danach übergab dieser sie ihrem Bräutigam und feierte ihre Hochzeit unter großer Anteilnahme mit".

Auf Gran Canaria gab es zwei Aufenthaltsorte, die durch Mauern geschützt waren.

Diese verließen die Jungfrauen nur an zuvor festgelegten Tagen, um im Meer zu baden. Es war verboten, dass irgendein Mann sie bei diesen Gelegenheiten antraf.

Diese Aufenthaltsorte wurden *Tamogantes* genannt. Einer befand sich in Agaete und der andere in Telde neben dem Berg *Montaña de las Cuarto Puertas* oder *Montaña Bermeja*.

Der Sprachforscher Francisco de Luca bestätigt, dass es sehr wahrscheinlich ist, dass es auch auf Teneriffa *Maguadas* gab. Deshalb legte er die toponymische Karte des sogenannten Berges *Magua* in Arico als Beweis vor. Wahrscheinlich dehnte sich diese Zone bis nach Poris de Abona aus, weil bekannt war, dass dort junge Priesterinnen lebten, die Regenrituale abhielten. De Luca weist auf ethnografische und linguistische Elemente hin, die in diese Richtung weisen.

Folgt man dem Bruder José de Sosa, erscheint es als bewiesen, dass die *Harimaguadas* einen Zehnt von der Gesellschaft Gran Canarias erhielten: „Zu ihrem Unterhalt bekamen unsere kanarischen Jungfrauen eine gewisse Menge der Früchte der Erde, den Zehnt, den ihnen die Einwohner gaben. Sie bewahrten sie in Höhlen, die dafür bestimmt waren, auf und mussten damit das ganze Jahr auskommen".

Lady Harimaguada

Heutzutage wird der Name *Harimaguada* auf Gran Canaria für diverse Institutionen und Stiftungen benutzt. Er ist der Name der angesehenen Preise, die jedes Jahr auf dem Internationalen Film-Festival von Las Palmas de Gran Canaria vergeben werden. Es gibt auch eine „*Lady Harimaguada*". Sie ist eine von dem Künstler Martín Chirino geschaffen Skulptur aus bemaltem Eisen, die auf der Avenida Marítima von Las Palmas de Gran Canaria steht.

Die Tag- und Nacht-Gleiche von Arteara

DIE NEKROPOLIS von Arteara auf Gran Canaria umfasst zwei Quadratkilometer und beherbergt Tausende von Grabstrukturen, überwiegend schlichter Art (kaum durch aufgehäufte Steine geschützte Bestattungsorte). Ihr gegenüber erhebt sich der beeindruckende Felsen von Amurga, der einer großen Anzahl von heiligen Stätten der alten Kanaren Schutz gab. Hinter ihm geht während der Tag-und-Nacht-Gleiche die Sonne auf und strahlt die Grabstätte „del Rey"(*des Königs*) an.

Die Mumien der Guanchen:
Ein sehr erstaunliches Ritual

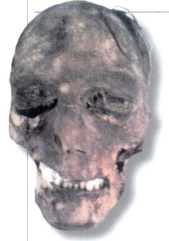

„Ich habe Höhlen mit mehr als 300 Kadavern gesehen; das Fleisch war ausgetrocknet, und der Körper fühlte sich so leicht an wie Pergament".
THOMAS NICHOLS ANNO 1652

Mumie mit Haaren
Sie befindet sich im *Museo de la Naturaleza y el Hombre* in Santa Cruz de Tenerife.
(Unten) Sammlung von Schädeln, die bei den ersten Untersuchungen im 19. Jahrhundert gefunden wurden. Sie werden im *Museo Canario* von Las Palmas de Gran Canaria aufbewahrt.

Eines der bemerkenswertesten Rituale der alten Guanchen, ist die Mumifizierung der Toten. Sowohl die Ägypter der Antike, als auch die Inkas wandten ähnliche Prozeduren an, was dazu führte, dass einige Autoren annahmen, dass es zwischen den drei Ethnien einen gemeinsamen Ursprung geben müsse. Dadurch wurde eine gewisse Aufregung zwischen den Anhängern der Atlantis-Theorie verursacht.

Die Guanchen glaubten, dass nach dem Tod ein anderes, neues Leben begänne. Dem Geist ihrer Ahnen wurde eine bemerkenswerte Bedeutung beigemessen, von daher verwandten sie besondere Sorgfalt und großen Eifer darauf, ihre Toten optimal zu konservieren.

Häufig wurde gesagt, dass die Mumifizierung auf allen Inseln angewandt wurde, aber nur auf Teneriffa und Gran Canaria wurden Mumien gefunden.

Auf Inseln wie El Hierro, La Gomera und La Palma fand man Skelette, die in weiche Stoffe gehüllt worden waren. Aber diese Praxis ist weit entfernt von der komplexen Prozedur der Mumifizierung entfernt.

Etwas über die Sitten und Gebräuche in Erfahrung zu bringen war für alle, die ersten Chronisten eingeschlossen, schon immer eine schwierige Aufgabe. Schon die Urkanaren vermieden es als eine Art Schutzmechanismus, über diese Themen zu sprechen. Alonso de Espinosa erklärte 1594: „Dies ist, was ich unter großen Schwierigkeiten und mit viel Arbeit über die Bräuche der Einwohner in Erfahrung bringen und verstehen konnte. Die alten Guanchen sind so kurz angebunden und in sich gekehrt, dass sie, selbst wenn sie etwas wissen, nichts sagen wollen. Sie denken, dass wenn sie ihr Wissen öffentlich machten, ihr Volk Schaden nimmt".

Heutzutage sind wir jedoch in der Lage, uns eine ungefähre Vorstellung davon zu machen, wie sie ihre Verstorbenen mumifiziert haben.

Mumie von Gran Canaria
Sie befindet sich im *Museo Canario* von Las Palmas de Gran Canaria.

Der Prozess

I.

WENN JEMAND STARB wurden der Körper gewaschen und die Eingeweide entfernt. Später wurde der Körper Tag für Tag mit einer Mixtur aus Fett, Pflanzen und Mineralien gefüllt. Die genaue Rezeptur ging mit der Zeit leider verloren.
Abreu Galindo (Anno 1590) berichtet dass „sie mit Tierfett eingerieben und mit Holzmehl, hergestellt aus Baumheide und Pinie und einem Pulver aus Bimsstein behandelt wurden, damit sie keinen Schaden nahmen".

II.

SIE SETZTEN DEN KÖRPER DER SONNE AUS, für mehrere Wochen, bis er ausgetrocknet war. Während dieser Zeit zog sich der Schmerz ihrer Familien und Freunde hinaus. Die Mumie wurde *Saxo* genannt. „Sie legten den Kadaver zum Austrocknen in die Sonne und um den Prozess voranzutreiben, während des Tages auf heißen Sand. In der Nacht wurde er mit Rauch behandelt". (Morales Padrón, 1993)
In Zeiten, in denen es viele Tote gab, sei es durch Krankheiten oder Kämpfe, bot sich denjenigen Fremden, die es von See oder Land ausmachen konnten, nächtens das beeindruckende und schauerliche Bild einer Unmenge von brennenden Höhlen in den Barrancos.

III.

SPÄTER hüllten sie die *Saxo* in bunt bemalte Häute und kennzeichneten sie, damit man den Körper identifizieren konnte. Diese Häute waren dergestalt genäht, dass sie den Toten wie ein Futteral umgaben. Zum Schluss wurde der Körper im Inneren einer Höhle auf Holz oder ein Strohgeflecht gebettet. Diese Höhle diente als Grabstätte der jeweiligen Familie, und je nach sozialem Status des Dahingeschiedenen wurde sie mit Grabbeigaben gefüllt: mit Halsketten, Keramiken, wertvollen Schmuckstücken, Speeren oder Lebensmitteln.

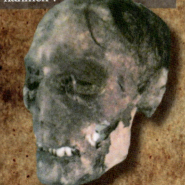

Mumien von Teneriffa
Ausgestellt im *Museo de la Naturaleza y el Hombre* von Santa Cruz de Tenerife.

Die Nekropolis von Herques.
Die Höhle der tausend Mumien

„Einer der Ersten, der Zugang zu einer der größten Nekropolis der Guanchen hatte, war der britische Arzt Thomas Nichols im Jahre 1652. In Güimar untersuchte er eine Höhle mit 300 oder 400 Kadavern, und die Guanchen, die ihn begleiteten, sagten ihm, dass es auf der Insel mindestens zwanzig weitere Höhlen wie diese gäbe."
CONRADO RODRÍGUEZ MAFFIOTTE 1995

Die große Höhle
Eine Abbildung aus dem 18. Jahrhundert, auf dem eine der großen Höhlen auf Teneriffa dargestellt ist, die Mumien seit der Zeit nach der Konquista beherbergt. Einige Autoren schreiben diesen Stich dem berühmten Charles Nicholas Cochin zu.

Die Begräbnishöhlen der alten Kanaren waren seit den Zeiten der Konquista bis zur Jetztzeit weitgehend wiederbenutzt worden.

Bauern und hauptsächlich Schäfer nutzten sie zu unterschiedlichen Zwecken; einige, um ihre Gerätschaften für die Landarbeit aufzubewahren, andere, um ihr Vieh sicher unterzubringen. Außerdem wurden die Höhlen auch als Wohnung benutzt. Und etliche Kanaren sahen zudem die Möglichkeit, aus der Neugierde der Forscher und Sammler, die an Dingen aus dem Höhleninneren interessiert waren, Profit zu schlagen.

Die außergewöhnlichste all dieser Höhlen ist möglicherweise die geheimnisumwitterte Höhle im Barranco von Herques im Süden der Insel Teneriffa. Von dieser Höhle haben zahlreiche Chronisten und Historiker berichtet, aber bis heute kennen wir den exakten Ort nicht, an dem sie sich befindet.

Es wird zwar vermutet, dass alte Schäfer aus der Gegend den Ort kennen könnten, an dem sie sich befindet, aber diese verstummen, ob aus Tradition oder weil sie eine Entweihung ihrer Vorfahren befürchten, wenn man sie befragt.

Entdeckt wurde die Höhle im 17. Jahrhundert. Über sie schrieb José Viera y Clavijo 1772: „ Zur Zeit, als diese Zeilen geschrieben werden, wurde ein hervorragendes Pantheon entdeckt dessen beachtliches Bauwerk viel Licht in unsere alte Geschichte bringen könnte. Die Höhle ist, obwohl sie einen nur sehr schwer begehbaren Eingang hat, im Inneren sehr hoch, geräumig und umgeben von einigen offenen Grabnischen zum Trauern. Sie liegt auf einer sehr schroffen Anhöhe im Barranco von Herques zwischen Arico und Güimar im Gebiet von Abona. Sie ist so gefüllt mit Mumien, dass man nicht weniger als tausend gezählt hat (...). Wahrlich, ich habe bis heute nie eine derartige Kunstfertigkeit gesehen, mit der diese Inselbewohner die Körper unsterblich machen (...) Das Leichentuch oder Futter, das sie von Kopf bis Fuß einhüllt, ist mit großer Sorgfalt aus Ziegenleder genäht. Einige Körper sind in bis zu fünf oder sechs Schichten, eine über der anderen, gehüllt. Bei den Männern sind die Arme bis über beide Oberschenkel ausgestreckt, bei den Frauen sind die Hände über dem Bauch zusammengelegt. Obwohl die *Saxos* in dieser Grabstätte die gleiche Anordnung haben, ist es der Aufmerksamkeit wert, dass sie in Betten und Reihen liegen, über einigen noch unversehrte Gestelle oder Pritschen aus Holz, was diesem Anblick nichts Ehrenvolles verleiht".

Wie Conrado Rodríguez Maffiotte (1995) berichtet, war der englische Arzt Thomas Nichols 1652 einer der Ersten, der Zugang zu einer der größten Grabstätten der Guanchen hatte: „...die Körper waren in Ziegenleder eingenäht und mit Bändern aus dem gleichen Material versehen, und die Näharbeit war so sauber und gleich ausgeführt, dass man nicht ohne Bewunderung ihre herrliche Kunst rühmen kann. Jede Hülle war exakt der Körperstatur entsprechend proportioniert. Was jedoch die meiste Bewunderung auslöst, ist, dass die Körper nahezu vollständig intakt sind. Man kann bei beiden Geschlechtern die Augen sehen (aber geschlossen), die Haare, die Nase, die Zähne, die Lippen, den Bart, bis hin zu ihren natürlichen Geschlechtsmerkmalen. Der Autor zählte zwischen dreihundert oder vierhundert von ihnen in verschiedenen Höhlen, einige aufrecht gestellt, andere auf Betten oder einem Boden aus Holz liegend.

„ Eines Tages, als der Autor mit seinem Frettchen auf Kaninchenjagd ging, eine Jagdart, die auf Teneriffa sehr verbreitet ist, kam es ihm in einem Bau abhanden, und er konnte dessen Spuren nicht finden. Einer der Jäger, der erschien, um ihn bei der Suche zwischen Felsen und Gestrüpp zu unterstützen, entdeckte den Eingang zu einer Höhle mit Mumien von *Guanchen-Frauen* und trat ein; und sein Schreck wurde auf der Stelle hörbar durch den lauten Schrei, den er ausstieß. Er hatte einen Kadaver von außergewöhnlicher Großartigkeit erblickt, dessen Kopf auf einen Stein gebettet war, seine Füße auf einem anderen und der Körper auf einer Liege aus Hölzern. Der Jäger beruhigte sich, als er sich erinnerte, was er über die Bestattungsriten der Guanchen gehört hatte. Und er schnitt ein großes Stück aus dem Leder heraus, das der Tote über seiner Brust trug. Der Schreiber dieser Begebenheit versichert, das dieses von feinerer und zarter Beschaffenheit als das unserer besten Handschuhe war und so weit davon entfernt zu verwesen, dass es dem Jäger über einen langen Zeitraum hinweg von verschiedenem Nutzen war".

Die Mumie von Madrid
Guanchen-Mumie, die sich im *Museo Nacional de Antropología* in Madrid befindet. Die einzige Mumie in diesem ausgezeichneten Zustand und die aus dem Barranco von Herques stammt.

Die Plünderung der großen Höhle

Ein kürzlich erschienenes Buch mit dem Titel „*Die Höhle der tausend Mumien*" nimmt eine interessante Untersuchung auf, in der sich Indizien für Hypothese befinden, dass ausländische Naturalisten, Abenteurer und Händler, die mit Mumien handelten, die Höhlen plünderten.
In den dokumentierten Fällen wurde eine Mumie aus Teneriffa identifiziert, die sich im *Museo Nacional de Antropología* in Madrid befindet, und eine andere, die nach Paris ins sogenannte Königliche Kabinett gebracht worden war.

Außerdem vermittelt ein Stich von Charles Nicholas Cochin (1715 – 1790), der in diesem Buch („*Die Höhle der tausend Mumien*") abgebildet ist, den Eindruck von der Ankunft eines Fremden in einer großen Höhle, in der er von einigen Ureinwohnern empfangen wird. In dieser selben Ansicht sind auch etliche Mumien, die an Felsen gelehnt und andere, die auf Holzunterlagen gebettet sind, zu sehen.
Dieser haarsträubende Ort liegt bis heute im Süden Teneriffas, irgendwo in den tiefen Schluchten des *Barranco de Herques* verborgen.

Wovon lebten sie?
die wirtschaft der guanchen

Man stelle sich den Schock vor, den die ersten Siedler erleben mussten, als sie auf diese fernen Inseln inmitten des Atlantiks gebracht wurden.

Wenn wir die Theorie, die am wahrscheinlichsten erscheint, als Tatsache ansehen wollen, stammten sie aus Nordafrika. Die Inseln boten einen übergroßen Kontrast zu ihren Heimatländern. Nicht nur die Landschaft und das Klima waren unterschiedlich, sondern auch das, was damit einherging: das gesamte Ökosystem. Die Felsen, die Erde, die Pflanzen, einige Tiere eingeschlossen, waren ihnen vollkommen unbekannt.

Dies zusammengenommen damit, dass es keine Metallvorkommen gab, bedeutete, dass sie einen Großteil ihrer Kenntnisse und Bräuche, die sie aus ihrer Heimat mitbrachten, anpassen mussten.

Wenn man die Wirtschaft als ein Zusammenspiel von Aktivitäten begreift, die man ausübt, um davon leben zu können, dann stand der Aufbau von Viehzucht, Landwirtschaft, Fisch- und Meeresfrüchtefang bei den alten Kanaren an erster Stelle, während das Sammeln von wild wachsenden Früchten und die Gewinnung von Mineralien und Hölzern zweitrangig war.

Die meisten Siedlungen der Urkanaren befanden sich wegen der ausgezeichneten ökologischen und klimatischen Bedingungen in den mittleren Lagen der Inseln (zwischen 600 und 1.500 m Höhe über dem Meeresspiegel).

Gebiete wie *El Lentiscal* (San Brígida) auf Gran Canaria, *Sabinosa* (Frontera) auf El Hierro *Sabina Alta* (Fasnia) auf Teneriffa oder den *Barranco Jorado* (Tijarafe) auf La Palma müssen die reinsten Paradiesgärten gewesen sein, bevor der Mensch in ihre ausergewöhnliche Vegetation eingriff.

Natürliche Quellen füllten die Barrancos und halfen, eine üppige und exotische Vegetation hervorzubringen. Aus Kakteengewächsen, den Drachenbäumen, Veroden und Palmen gewannen die Ureinwohner Hölzer, aus denen sie Werkzeuge und Gebrauchsgegenstände wie Löffel, Körbe, Utensilien für den Fischfang und Nähzeug herstellten. Die Lorbeerwälder waren ihre 24-Stunden-Apotheke.

Die Urkanaren verfügten nicht über Geld – ihre Art des Handels war der Tausch von Waren und Diensten.

Viehzucht

Der Viehbestand setzte sich hauptsächlich aus Ziegen, Schafen ohne Wolle und Schweinen zusammen. Von diesen Tieren bekamen die Guanchen das Fleisch, die Milch und das Fett. Um die Herde auf den Weiden zu hüten, nutzten sie Hunde, deren Fleisch sie wahrscheinlich auch aßen.

In den Regenzeiten zogen sie an die Küste, während sie im Sommer ihre Herden zu den höchsten Zonen der Insel hinauftrieben. Auf Teneriffa, in den ausgedehnten Weiten der Cañadas, wurden zahlreiche Beweise gefunden, die bestätigen, dass in den Sommermonaten ganze Familien mit hinaufzogen, um in der Nähe der Herden zu leben.

Auf anderen Inseln wie auf Fuerteventura und Gran Canaria gab es nahe bei den Siedlungen große rechteckige Gefüge, die man als gemeinschaftliche Viehgehege interpretierte.

Landwirtschaft

Die Regenzeiten und die unterschiedlichen klimatischen Bedingungen bewirkten, dass sich die Landwirtschaft auf jeder Insel anders entwickelte. Gran Canaria und einige Zonen im Norden Teneriffas und La Palmas eigneten sich besonders gut, um Bewässerungssysteme einzurichten, mit deren Hilfe Gemüse wie Linsen, Saatwicken oder Bohnen angebaut werden konnten. Allerdings wurde in den meisten Fällen Trockenanbau betrieben, bei dem die Pflanzen auf Regen angewiesen waren, überwiegend Weizen und Gerste. Möglich wäre auch, dass es verschiedene Obstbaumarten, gab. Mit Sicherheit können wir nur sagen, dass es Feigenbäume gab.

Ein großer Garten
Die Quellen füllten die Barrancos mit Wasser und dieses half, eine üppige und exotische Vegetation entstehen zu lassen.

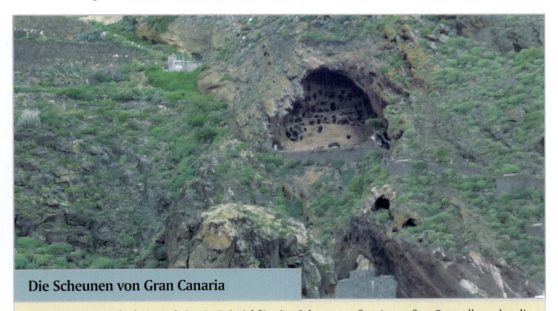

Die Scheunen von Gran Canaria

Das Kloster von Valerón in Guía ist ein Beispiel für eine Scheune großen Ausmaßes. Generell wurden die Scheunen in hohen Höhlen mit schwierigem Zugang eingerichtet, waren verborgen und verschlossen hinter Türen aus Holz oder Stein. In ihnen wurden die Erzeugnisse der Ernte und das Saatgut aufbewahrt. Alles wurde bewacht durch einen *Faykag*, der großes Ansehen in der Gemeinschaft genoss.

Der Fischfang:
Lebensunterhalt und Vergnügen

Angelhaken aus Knochen
Ein im *Museo Canario* von Las Palmas de Gran Canaria ausgestelltes Fundstück.

„Fischfang war ein Vergnügen der Edlen, die Armen gingen auf Meeresfrüchtefang". MARÍN DE CUBAS ANNO 1694

Wie es nicht anders sein konnte, waren die Guanchen exzellente Fischer. Es kann nicht mit Sicherheit gesagt werden, womit sie aufs Meer hinausfuhren. Aber wenn sie es taten, was wahrscheinlich ist, dann mit kleinen Booten und nur auf kurzen Strecken. Wie Leonardo Torriani im Jahre 1588 schrieb, „bauten sie Schiffe aus dem Drachenbaum, den sie im Ganzen aushöhlten. Anschließend legten sie als Ballast Steine hinein und navigierten mit Rudern und Segeln aus Palmblatt rund um die Küsten der Inseln; und auch hatten sie die Gewohnheit, Teneriffa und Fuerteventura anzusteuern und dort Raubzüge zu unternehmen". Die starken Strömungen, die es zwischen den Inseln gibt, lassen allerdings daran zweifeln, das diese Überfahrten häufig gemacht worden sind.

Der Fischfang mit Angelschnur und Haken war über alle Inseln verbreitet, in jedem archäologischen Museum können die Haken, die aus Knochen gefertigt wurden, bewundert werde. Einige von ihnen haben große Abmessungen, so dass man annehmen könnte, dass sie von der Küste aus Fische mit so großen Dimensionen aus einem Meer angelten, in dem es nur so von Fisch wimmelte.

Mit Steinen stauten sie das Wasser in natürlichen Wasserbecken der Küste. Wenn sich die Flut zurückzog, gossen sie Saft aus Kakteen und Tabaibas über die dort eingeschlossenen Fische, um sie zu betäuben, und sie dann mit Hilfe von Binsenkörben einzufangen. Je nach angewandter Technik fingen sie verschiedene Fischarten. Allerdings wurden auf Gran Canaria am häufigsten Sardinen und auf den anderen Inseln *Viejas* (Seepapageien) und Moränen gefangen.

Der Meeresfrüchtefang

Im Jahre 1694 schrieb Marín de Cubas, dass der Meeresfrüchtefang Sache der Armen war. Sicher ist, dass diese Meeresfrüchte ein sehr wichtiger Bestandteil in der Ernährung der Guanchen waren. Sie konnten das ganze Jahr über gefunden werden, besonders in den Zeiten der Tag-und-Nacht-Gleiche, in denen die Gezeiten niedriger ausfallen und dadurch eine größere Ausbeute möglich wurde. *Lapas* (Napfschnecken), *Burgados*, Krebse, Seeigel und Muscheln waren die Schalentiere, die am häufigsten gesammelt wurden. Auf La Gomera, El Hierro, Fuerteventura und Teneriffa existierten Abfallplätze für Schalen von Meeresfrüchten von industriellem Ausmaß. Archäologische Funde gaben Anlass dazu, sie *Concheros* zu nennen. Wie und warum sie dort hingekommen sind, ist allerdings bis heute unbekannt. Es wird spekuliert, dass dort eine Art Fabrik gestanden haben könnte, in der die Schalen der Moluskeln entfernt wurden. Danach könnte das Innere gebraten worden sein, um es zu dörren, dadurch zu konservieren, und es so möglich zu machen, das Fleisch der Weichtiere aufzuwahren und über die ganze Insel zu vertreiben.

DER FISCHFANG

Wie ernährten sie sich?
Die Speisekammern der Kanaren

Die *Gofio*-Mühle
Ein Haushaltsgerät, mit dem Körner zum Herstellen von Pulver oder Mehl gemahlen wurden. Diese hier ist im Museo Canario von Las Palmas de Gran Canaria ausgestellt. Gofio ist ein Lebensmittel, das bis heute hergestellt wird.

> „Jedes Mal, wenn sie essen wollten oder wenn sie ihr Essen beendet hatten, wuschen sie sich Gesicht und Hände (...), und wenn sie aßen, tranken sie erst, nachdem eine halbe Stunde vergangen war, weil sie sagten, dass die Kälte des Wassers den Zähnen schaden könne, wenn sie zuvor Heißes gegessen hatten".
> JUAN DE ABREU GALINDO **ANNO 1590**

Die Wissenschaft hat anhand von Knochenuntersuchungen belegt, was die Guanchen gegessen haben. Daher weiß man, dass ihre Ernährung abwechslungsreich und nahrhaft war. Auf Gran Canaria, dank der ausgedehnten Entwicklung der Landwirtschaft, war der Anteil von Gemüse auf dem Speiseplan im Vergleich mit anderen Inseln sehr hoch. Auf La Palma, La Gomera und El Hierro war die Ernährungsweise ausgewogener bezüglich Fleisch- und Fischkonsum.

Nicht bekannt ist, ob die Reihenfolge, in der sie ihre Speisen zu sich nahmen, unserer Art zu essen ähnlich sieht. Aber wäre es so, könnten ein Menü folgendermaßen zusammengestellt gewesen sein:

1. Gang – Gemüse

Aus Gerste und Weizen wurde Mehl gemacht, das geröstet wurde. So entstand der *Gofio,* ein Lebensmittel, das es bis heute gibt und eine der beliebtesten Zutaten der kanarischen Küche ist. „Sie aßen kein Brot, dafür Gerste, die sie in einem Stein per Hand mahlten, sie in Wasser oder in Milch gaben und als Mahlzeit oder Getränk zu sich nahmen". Jeremias Münzer (Anno 1495).

Blätter und Wurzeln einiger wilder Pflanzen wurden auch zur Mehlherstellung genutzt. Mit diesem Mehl stellten die Guanchen danach Kuchen und Kekse her.

Dank der Bewässerungsanlagen auf Gran Ganaria und in Norden Teneriffas fügten sie ihrem Speiseplan auch Linsen, Erbsen und Bohnen hinzu.

Als 1. Gang könnten sie außerdem Meeresfrüchte goutiert haben: *Lapas* (mit schwarzem Fuß), *Lapas* (mit weißem Fuß), Miesmuscheln, Krebse, Seeigel und sehr wahrscheinlich *Pulpo* (Krake).

2. Gang – Fleisch oder Fisch

Ziegen- und Lammfleisch war das bevorzugte Fleisch, aber es war nicht das einzige. In kleinen Mengen gab es auch Schweinefleisch und Geflügel, zum Beispiel Wachteln, Raben oder Tau-

Ein Guanchen-Kochtopf
Dieses Exemplar, hergestellt aus Ton, wurde in Galdár gefunden. Es ist ausgestellt im *Museo Canario* von Las Palmas de Gran Canaria.

ben. Sie wurden von den Guanchen ebenfalls gerne verspeist. Die beliebtesten Nahrungsmitteln waren ohne Frage jedoch Sardinen (vor allem auf Gran Canaria), Papageienfische, Moränen, *Sargos* (Weißbrasse), *Cabrillas* (kleiner Sägebarsch) oder *Samas* (Rotbrasse). Dies waren einige der Fische, die täglich zusammen mit Algen, die zu dem Zweck gesammelt worden waren, auf den Tisch kamen.

Nachtisch
Uns bekannte köstliche Früchte wie Feigen, Brombeeren und Datteln wurden noch durch die Frucht des *Mocán* (eine auf den Kanaren und Madeira endemische Pflanze, die in den Lorbeerwäldern wächst) ergänzt. Aus dieser Frucht stellten sie ein honigartiges Getränk, genannt *Chacerquen* her, das sie auch gegen Schmerzen und Übelkeit tranken.

Besondere Leckerbissen

In einigen Chroniken wird berichtet, dass man auf La Gomera Insekten verspeiste. Es ist wahrscheinlich, dass dieser Brauch auch auf den übrigen Inseln verbreitet war. Außerdem machten die Guanchen Jagd auf einige Tiere, die es allerdings heute nicht mehr gibt: der Riesenlagarto und die Riesenratte. Beider Fleisch galt als besonderer Leckerbissen. Wie schon berichtet, war es auch Brauch, Hundefleisch zu verzehren, Dem ist noch hinzuzufügen, dass auf den Inseln La Palma, Teneriffa und Gran Canaria auch Katzenfleisch gegessen wurde, allerdings aus mystischen Gründen.

(LINKS) LAPAS SIND EINE DER BELIEBTESTEN MOLUSKELARTEN DER KANAREN.

Wie verständigten sie sich?
Die Sprachen der Guanchen

„Man sagt, dass sie sich die Sprachen der Inseln so sehr voneinander unterscheiden, dass sie sich untereinander nicht verstehen können. Hinzukommt, dass sie keinerlei Schiffe oder andere Mittel hatten, um von einer zur anderen Insel zu gelangen, außer sie schwömmen".
NICCOLOSSO DA RECCO ANNO 1341

Totale Isolierung
Die spärliche oder gänzlich unmögliche Kommunikation der Einwohner der einen Insel mit denen einer anderen bewirkte, dass sich auf jeder Insel eine Sprache unterschiedlicher Art entwickelte.

Über die Sprachen der alten Kanaren weiß man sehr venig. Überliefert ist ein Vokabularium, das hauptsächlich aus Eigennamen und geografischen (topografischen) Bezeichnungen besteht.

In den Chroniken der Eroberer des 14. Jahrhunderts wurden Anstrengungen unternommen, das volkstümliche Kulturgut zu erhalten, aber die darin enthaltenen Daten reichen nicht aus, um eine verlorengegangene Sprache zu retten und wiederzubeleben. Die Sprache der Ureinwohner wurde ersetzt durch diejenige der Eroberer, die den Besiegten aufgezwungen wurde. Das Kastellan wurde zur Amtssprache. Die alte Sprache zu sprechen, war nicht nur schlecht

angesehen, sie war sogar ausdrücklich verboten.

In einigen abgelegenen Zonen der Inseln konnte sich die Guanchen-Sprache trotzdem über einige Jahrhunderte erhalten. Etliche Autoren, wie García-Talavera bestätigen, dass „bis zum Jahr 1760 im Tal von San Lorenzo im Süden Teneriffas *guanchisch* gesprochen wurde".

Wie uns Chronisten aus der Zeit berichten, wurde auf jeder Insel eine andere Sprache gesprochen. Jedoch bestätigen einige Experten, dass sie, nachdem sie Worte untersucht hatten, die bis in unsere Zeit überliefert sind, gemeinsame Wurzeln der Sprache auf allen Inseln gefunden haben: die Verwandtschaft mit Sprachen wie dem Amazigh oder dem Berberisch aus Nordafrika.

Die Isolierung der Inseln untereinander über Jahrhunderte hinweg könnten erklären, weshalb sich die Sprachen der Inseln völligk unabhängig voneinander entwickelten. Das würde auch die Schwierigkeiten zum Zeitpunkt der Eroberung erklären, welche die Guanchen von der einen Insel hatten, diejenigen von einer anderen zu verstehen.

Auch wenn man die Ereignisse in Betracht zieht, die sich später ‚zugetragen haben könnten, vermochte sich Fernando de Guanarteme, der Guanchen-König von Gran Canaria, offensichtlich verständigen. Er war von den Eroberern mit dem Auftrag nach Teneriffa gebracht worden, die dortigen Könige zur Kapitulation zu bewegen. Die Verständigung gelang, eine andere Sache war es, dass sie nicht zu einer Übereinkunft kamen.

Valle de San Lorenzo – Das Tal von San Lorenzo
Einige Autoren behaupten, dass im Süden Teneriffas fast bis zum 19. Jahrhundert mehrere Guanchen-Sprachen gesprochen wurden.

VOKABULAR

Tausende von Guanchen-Namen

Es sind Tausende von Namen erhalten geblieben. Einige von diesen sind auf allen Inseln verbreitet:

Gofio
Geröstetes Mehl.

Gánigo
Tongefäß.

Tamarco
Kleidung.

Verode
Ein Strauch der Gattung *Kleinia*.

Tenique
Großer Stein.

Arroró
Schlaflied, das Mütter ihren Kindern vorsangen.

Perenquen
Kleines, graues, schuppiges Reptilien

Baifo
Ziegenzucht.

Guirre
Raubvogel, Geier.

Adeje, Icod, Tacoronte, Teide, Telde, Tejeda, Taburiente, Tazacorte, Ucanca Tindaya, Yaiza, Chipude, Teguise
Einige Namen der Städte und Gemeinden auf den Kanaren.

Konnten sie schreiben?
Schrift und Zeichnungen der Guanchen

Libysches Alphabet
(Oben) Einige Zeichen des libyschen Alphabets, gefunden auf den kanarischen Archipel.
(Unten) Felszeichnungen in *El Julán* auf der Insel El Hierro.

Die Schrift ist nicht nur ein Werkzeug der Kommunikation sondern auch des Lernens.

Eine Nachricht, einen Brief, ein Buch schreiben zu können, macht uns zu Menschen.

Sie war der große Sprung in der Menschheitsgeschichte.

Die Schrift erlaubt es uns, Gedanken und Ideen zu verbreiten, und dank ihrer, die Zeit zu überdauern. Unsere Kenntnis und unsere Verständnis der Geschichte beruht essentiell auf geschriebenen Texten. Deshalb ist sie eine der großen Erfindungen der Menschheit. Sehr wahrscheinlich wurde sie aus dem Grund erfunden, um den Austausch und das Handeln mit Waren dauerhaft und verlässlich registrieren zu können.

Wie schon berichtet, sind einige der Namen, Eigennamen und Orte, die von den alten Kanaren benutzt wurden, bekannt. Sie blieben als Namen vieler Orte der Insel über die Zeit erhalten, oder sie wurden von den ersten Chronisten niedergeschrieben: „Auf dieser Insel Teneriffa gab es einen Herrn, der über sie bestimmte, und den sie verehrten, der sich *Betzenuria* nannte (...), welcher neun Kinder hatte. Und als der Vater starb, erbte jeder seinen Teil und unter sich sprachen sie sich ab und teilten Königreich, das es war, in neun Reiche auf. Der Älteste der Geschwister hieß *Imobat*, als dessen Erbe und Königreich sie *Taoro* bezeichneten (...). *Acaymo*, sein Bruder, wurde König von *Aguimar*; *Atquaxona*, König von *Abona*, *Atbitocarpe*, König von *Adeje*. Die Namen der anderen Geschwister sind uns nicht bekannt", so berichtet uns Abreu y Galindo (im Jahre 1590).

Wie die Guanchen allerdings diese Namen schrieben, ist uns nicht bekannt.

Bis weit in die 90er Jahre des 20. Jahrhunderts wurde von der Nichtexistenz von Texten der Guanchen ausgegangen. Jedoch weiß man heute, dass diese Annahme ein Irrtum war. Die diversen Inschriften, libysch-berberischen Ursprungs, die auf den westlichen Inseln gefunden wurden und die neo-punischen, entdeckt auf den östlichen Inseln – und in einigen Zonen von Teneriffa und La Palma – beweisen es.

Es handelt sich um zahlreiche Zeichen, die auf den Seitenwänden der Barrancos angebracht wurden, an herausragenden Orten der Landschaft oder auf kleinen beweglichen Steinen. Desgleichen gibt es die Felszeichnungen, die eine der interessantesten Ausdrucksformen der Kultur der Guanchen des Archipels darstellen.

Alphabet und geometrische Formen

Die meisten der gefundenen Zeichen enthalten eine Verbindung zum libyschen Alphabet aus Nordafrika jedoch nicht alle.

Es existiert eine andere Inschrift, die mit dem lateinischen Alphabet in Verbindung gebracht wird, da sie verschiedene Bezeichnungen wie das Kursiv-Latein oder Kanarisch-Latein enthält. Jedoch weist ihr Darstellungsweise klar in die Richtung des Schrifttyps Neo-Punisch. Verschiedene Beweise dieser Schrift finden sich sowohl auf Teneriffa als auch auf Lanzarote und Fuerteventura.

Allerdings zeigen die Zeichen, die auf den Inseln am häufigsten gefunden wurden, geometrische Formen, Linien, Kreise, Kreuze, Rauten, schachbrettartige Muster oder Spiralen.

Menschliche Formen und Tiere

Menschliche Formen und Darstellungen von Tieren sind nicht so verbreitet, aber trotzdem geben sie wertvolle Einsichten in die Art und Weise, wie die Guanchen dachten und sich auszudrücken pflegten.

Als Tierdarstellungen waren Eidechsen, Fische, Stiere und Pferde besonders beliebt.

An Orten mit großer Weitsicht wie auf hohen Bergen in der Nähe der Küste finden sich beeindruckende Darstellungen von Segelschiffen.

Schiff mit Segeln
(Unten) Gravur eines Schiffes im *Barranco del Muerto* in Santa Cruz de Tenerife.
(Oben) Besucher-Zentrum von *El Julán* auf der Insel El Hierro

Berühmte Malerein

Im Museo Canario von Las Palmas de Gran Canaria kann man die berühmten Malereien bewundern. Einige Stücke von kleinen Abmessungen tragen geometrische Zeichnungen, sie sind aus gebranntem Ton und bilden mehr oder weniger tiefe Reliefs wie eine Art Siegel. Man weiß nicht, wozu sie dienten, aber man spekuliert darüber, ob sie zur Markierung von Eigentum, um verschiedene Besitztümer zu kennzeichnen, gebraucht wurden – als eine Art Siegel oder Wappen der Familie.

Wie heilten sie sich?
Die Haus-Apotheke der Guanchen

Das Getränk aus Borretsch
(Oben) Aus den Blättern des Borretsch wurden harntreibende Getränke hergestellt.

Die beste Medizin der Guanchen war ihre reichhaltige und gesunde Ernährung. Abgesehen davon, dass sie in einem gemäßigten und milden Klima wohnten, fanden sie zudem auf den Inseln eine Vielzahl von Heilpflanzen vor. Mit ihrer Hilfe heilten sie Krankheiten und erreichten ein für jene Zeit ungewöhnlich hohes Alter.

El Drago - Der Drachenbaum

Seit Tausenden von Jahren war der mythische kanarische Drachenbaum (*arbor draconis*) von einer Aureole von Geheimnissen umgeben, die ihn bis in unsere Tage begleitete.

Die Legende sagt, dass die Drachen sich im Sterben in Dragos verwandelten. Daher ihr blutroter Pflanzensaft. Dieses lebende Fossil ist eines der Symbole der kanarischen Inseln.

Heutzutage befindet sich der größte und berühmteste Drago in Icod de los Vinos (Teneriffa) Er misst 17 Meter in der Höhe und 20 Meter im Durchmesser an seiner Basis, das Gewicht dieses *Mastodonte* beläuft sich auf rund 150 Tonnen, ohne die Wurzeln mitzurechnen.

Über das Alter dieses Drago wurde viel diskutiert, es wurde verbreitet, er sei mehr als 5000 Jahre alt. Allerdings besagen die letzten Untersuchungen, er hätte ein Alter von rund Tausend Jahren.

Bei dieser Langlebigkeit kann wohl davon ausgegangen werden, dass sich schon die Urbevölkerung der Kanaren seiner bediente. Sie zapften ihm Saft ab, den sie, gemischt mit kalter Milch, als Mittel gegen Kolitis

Kräutertee, Milch und Wasser

→ Die Ureinwohner der Kanaren genossen außerdem geschmackvolle Getränke und Kräutertees, die halfen, gewisses Unwohlsein zu heilen. Am Borretsch (*Borago officinalis*) weiß man auch heute seine entspannende Wirkung zu schätzen, er wirkt harn- und schweißtreibend. Um in den Genuss seiner wohltuenden Wirkung zu kommen, werden die Blüten oder Blätter verwendet.

→ *Miel de Palma* (Palmhonig) ist ein typisches Produkt der Insel La Gomera. Er wird aus dem Saft der kanarischen Dattelpalme (*Phoenix canariensis*) gewonnen. Dieser Saft ist unter dem Namen *Guarapo* bekannt. „Palmhonig" ist *Guarapo*, der mehrere Stunden köchelt und dadurch reduziert wird, bis er die Beschaffenheit von Bienenhonig, und seine typische dunkle Farbe bekommt. Die alten Kanaren tranken *Guarapo* als Erfrischungsgetränk und den Honig als natürliches Vitaminkomplex. Heutzutage wird er als Soße zu traditionellen kanarischen Nachtischen gereicht, wie zum Beispiel zum *Frangollo*, zum *Quesillo*, zur *Leche asada* oder zu *Principe Alberto*.

→ Desgleichen zogen die Guanchen aus bestimmten Mineralwasserquellen ihren Nutzen, besonders auf Gran Canaria. Den Quellen von Firgas, Teror y Valle de San Roque wurden Eigenschaften zum Behandeln von Magenschmerzen nachgesagt.

tranken. Sie trugen ihn aber auch direkt auf Wunden auf, die dadurch schneller heilten. Ein weiterer Gebrauch galt der Festigung des Zahnfleisches und der Zähne.

Die *Tabaiba*

Die Tabaiba (*Euphorbis atropurpurea*) ist ein Strauch, der zwei Meter hoch werden kann und üppig in den Barrancos und im Flachland in praller Sonne wächst. Die Tabaiba ist eine der 500 endemischen Pflanzenarten der Kanarischen Inseln.

Aus der Milch der „süßen" Tabaiba stellten die Guanchen eine Paste her, welche sie kauten, um das Gebiss zu stärken. Mit der Rinde der „wilden" Tabaiba wurden Arthritis, Ausrenkungen oder Brüche behandelt. Dies ist eine Praxis, die auch noch heute von Bauern in einigen ländlichen Regionen der Inseln angewandt wird.

Der *Mocán*

„Ein Baum, präsent in der Geschichte der Kanaren; für die Einwohner war er eine Köstlichkeit, weil sie seine Früchte, die sie *Yoya* nannten, mit großem Genuss verspeisten, und aus ihm den Saft *Chacerquen* herstellten und zudem Medizin gewannen", berichtet uns Viera y Clavijo (im Jahre 1772).

Der *Mocán* (*Visnea mocanera*) ist ein Baum, der 15 Meter Höhe erreichen kann, ist endemisch auf den Kanaren und wächst in Waldzonen. Seine Blüten sind klein und weiß, seine Früchte haben die Größe einer Kichererbse und sind reif sehr süß. Aus ihnen stellten die Guanchen eine Art Honig her (*Chacerquen*). Sie kochten dazu die Früchte mit wenig Wasser, bis die gewünschte Konsistenz erreicht war. Sie benutzten den „Honig" als Mittel, um Schmerzen und Übelkeit zu vertreiben.

Mit anderen Kräutern gemischt, wurde ein Abführmittel daraus. Zudem konnte aus dem Saft auch ein Getränk gemacht werden, das wenn es fermentiert war, Alkohol enthielt. Dieses Getränk wurde bei Feierlichkeiten und rituellen Akten gereicht.

Der *Cardón*

Der Cardón (*Euphorbia canariensis*) ist ein Strauch mit langen Stängeln und harten Stacheln. Er ist eine weitere endemische Pflanze der Kanaren. Wächst reichlich auf allen Inseln außer auf Lanzarote. Kann bis zu vier Metern hoch werden, aber das Erstaunlichste ist seine horizontale Ausdehnung, sie kann über 150 Quadratmeter erreichen. Im Inneren bietet sie ein Microhabitat für Tiere und Pflanzen.

In den Zeiten, als die Guanchen noch die einzigen Bewohner der Inseln waren, wuchs der Cardón sehr zahlreich und wurde vielseitig genutzt. Aus seinen Blättern gewannen sie einen Saft von weißer Farbe und bitterem Geschmack. Sein Geruch ist so stark, er benutzt wurde, um Menschen zu wecken, die, aus welchen Gründen auch immer, in einen Dauerschlaf gesunken waren. Der gleiche Milchsaft wurde aber auch in ein Pulver verwandelt, das aufgehoben wurde, um es bei Bedarf auf Wunden und Verbrennungen zu streuen.

Die *Yoya* des *Mocán*
Die Früchte des Mocán wurden unter anderem als stimulierendes Mittel genutzt. (Unten) Aus dem Cardón wurde ein Pulver hergestellt, mit dessen Hilfe Wunden schneller verheilten.

Musik und Gesang:
Die *Fiestas* der Guanchen

Kanarische Trommel
Nach Antonio de Viana war eines der beliebtesten Instrumente der alten Kanarendas Tamburin, aus Teilen des Drachenbaums gefertigt. (Oben) Trommel der Gomeros heute.

> „Sie waren tatkräftig, hatten ein stattliches und proportioniertes Aussehen (...) und so sind sie noch heute."
> — JUAN DE ABREU GALINDO. ANNO 1590

Aufgrund der dokumentarischen und wissenschaftlichen Quellen konnte ein allgemeiner Überblick über die alten Inselbewohner verschafft werden. Jedoch stellt sich die Frage, ob bislang genug über die ihre Musik und ihre Feste in Erfahrung gebracht werden konnte.

Der Bericht über die italienisch-portugiesische Expedition von 1341, angeführt von Niccoloso Da Recco, einem Seefahrer aus Genua, gibt uns einige Hinweise: „Sie sangen angenehm und tanzten auf französische Art".

Abreu Galindo (Anno 1590) erzählt uns, dass sie Häuser hatten, in denen sie sich zum Tanzen und Singen trafen. Die Tänze beschrieb er als „mit kleinen Schritten und zierlich ausgeführt, in der Art, die man heute noch *kanarisch* nennt", und die Gesänge beschrieb er als „schmerzlich, traurig und voller Liebessehnsucht oder voller Tragik, so wie die, die wir *Klagelieder* nennen".

In diesen Häusern, auf Gran Canaria, veranstalteten sie Feiern und Spiele, an denen auch die Könige und Edlen teilnahmen, um sich an den Darbietungen der Tänze und Gesänge der Kanaren zu erfreuen. Gómez Escudero (Anno 1484) erzählt uns, dass „sie bei den Tänzen bemalte Zweige vom Drachenbaum trugen (...), und sie anmutig wie Fechtkünstler tanzten und Luftsprünge vollführten". Die Lieder, mit denen sie ihre Tänze begleiteten, „waren inniglich und Mitleid erregend, wiederholten eine Sache viele Male wie einen Refrain". In diesem Zusammenhang betont Escudero, dass die alten Gomeros weinten, während sie sangen, wenn das Thema des Liedes tragisch oder Mitleid erregend war".

Von allem, was uns die Zeugen jener Musikabende beschreiben, ist das freundliche Miteinander das, was sie am meisten hervorheben: „Sie waren so freundliche und zugewandte Menschen, und ihre Gesänge waren so Mitleid erregend und voller Gefühl. Heute werden sie in spanischer Sprache gesungen und erwecken Mitleid, rühren ihre Zuhörer zutiefst, und veranlassen Frauen und die mit einem weichen Herzen zu weinen. Sie handeln von abwesenden Geliebten, Toten und Trennungen", hielt Gómez Escudero fest (Anno 1484).

Klagelieder der Kanaren

Von den berühmten Klageliedern von den Kanaren ist uns die Melodik durch verschiedene Quellen aus der zweiten Hälfte des XVI. Jahrhunderts überliefert. Leonardo Torriani (anno 1590) bestätigte uns, dass die Nachfahren der Guanchen sie in ihrer eigenen Sprache sangen. Er hinterließ uns zwei Strophen in linguistisch entsprechender Übertragung:

Kanarisches Klagelied
«Aicá maragá, aititú aguahae
Maicá guere, demancihani
Neiga haruuiti alemalai».
(Seid willkommen; diese ausländischen Leute töteten unsere Mutter, aber jetzt wo wir beieinander sind, Bruder, möchte ich mich vereinen, weil wir verloren sind).

Klagelied von El Hierro
«Mimerahaná zinu zinuhá
Abemen aten harán huá
Zu Agarfú fenere nuzá».
(„Was bedeutet es schon, dass sie Milch, Wasser und Brot hier herbringen, wenn Agarfa – Frauenname – mich nicht ansehen mag?".)

Die Musikgruppen der Guanchen

Zu Beginn des 17. Jahrhunderts veröffentlichte der Arzt Antonio de Viana in Sevilla das Buch *Antigüedades de las islas Afortunadas* (übersetzbar als „Bräuche aus dem Altertum der Glücklichen Inseln"). Es enthielt eine Reihe von Gedichten, denen Informationen von großem Wert zu entnehmen sind, weil sie direkt von den Ureinwohnern stammen. In diesem Buch fasste der Arzt seine große Kenntnis, die er über das Land und die Bräuche der Inselbewohner erworben hatte, zusammen. Vermutlich hatte er sich aufgrund von Geschichten seiner unmittelbaren Familienangehörigen erworben.
Im 4. Gesang, in dem die Feierlichkeit zum Ende des Monats April beschrieben wird, stellt er zum ersten Mal eine Musikergruppe vor:

„Es erklingt der erste Akkord der Musik
Die Instrumente sind drei getrocknete Kürbisse
Und einige Steinchen drinnen
Mit denen sie den süßen *Son Canario* spielen.
Ein sehr kleines Tamburin aus Drachenbaum,
eine Flöte aus hellem, ausgehöhltem Zuckerrohr,
und vier Flageoletts [kleine Hirtenflöten]
aus grünen Stielen,
und knotige Röhren ausGerste.
Und mit dem Mund intonierte ein Musiker
eine raue Melodie".

So haben wir eine authentische Musikergruppe der Guanchen beisammen: Drei bewegen Kürbisrasseln, einer schlägt das Tamburin, einer spielt Flöte, vier, die auf Flageoletts flöten und einen Sänger.

Folklore heutzutage:
Ein temperamentvolles Erbe

Los Sabandeños
(Unten) Sie sind ein Männerchor von Teneriffa. Sie sind mit Sicherheit die bekanntesten Vertreter der kanarischen Folklore-Musik. Sie treten mit einer Decke über ihren Schultern auf, die der Bekleidung - den *Tamarcos* - der Guanchen sehr ähnlich ist.

Die Folklore heutzutage ist das Ergebnis aus Temperament und Denkweise des kanarischen Volkes; aus ihrer Abstammung von den Guanchen und den Spuren, welche die verschiedenen Kulturen, die sich nach und nach auf den Inseln ansiedelten, hinterlassen haben. Die kanarischen Gesänge und deren Stimmung beinhalten Zeichen der Resignation, wodurch man einen typischen Charakterzug der Inselbewohner erkennen kann. Wie in den Liedern der alten Kanaren werden auch in der heutigen Folklore die gleichen Themen besungen: Der Regen, der Wind, Unglück und Rituale.

Die *Isa*, die *Folia* und die *Malagueñas* sind die beliebtesten Tänze und Gesänge auf den Inseln. Allerdings tragen sie wenig vom Erbe der Guanchen in sich, da die Folklore seit dem 16. Jahrhundert fortwährend spanischen und südamerikanischen Einflüssen ausgesetzt ist.

Um einige gemeinsame Merkmale in den Tänzen der Guanchen und der heutigen Folklore entdecken zu können, muss man weit in die Vergangenheit zurückgehen, Die Tänze, die sich erhalten haben, sind der *Tajaraste*, der *Sirinoque* und der *Tanganillo*.

Der *Tajaraste* ist der wahrscheinlich älteste Tanz der Kanarischen Inseln und wurde an den europäischen Höfen des 16. Jahrhunderts sehr populär. Seine Gesänge waren aus alten Romanzen entstanden, die aus der Zeit der Eroberung Anfang des 15. Jahrhunderts stammen. Diese Lieder handeln von Geschichten, Wundern und unglücklichen Liebschaften.

Der *Sirinoque* ist ein typischer Gesang und Tanz von der Insel La Palma. Seine Musik erinnert uns an alte Zauberzeremonien. Er wird untermalt von Trommeln und Kastagnetten –manchmal kommt auch eine Flöte hinzu– und während der Tanz fortschreitet, halten die Tänzerinnen den Kopf gebeugt, so als würden sie beten.

Und zu guter Letzt darf der *Tanganillo* nicht vergessen werden, der auch Tango von El Hierro genannt wird. Er ist zusammen mit dem *Tajaraste* der

älteste Tanz, der in direkter Linie auf die Tänze der Ureinwohner zurückzuführen ist.

Bei diesen Tänzen bilden Männer und Frauen einen Kreis, der geleitet von der Musik vor- und zurückgeht, in einer Art, die der, welche Abreu Galindo (Anno 1590) beschreibt, sehr ähnlich ist. „Sie tanzten im Kreis y in *Folia* [fröhlicher Hüpftanz, typischer kanarischer Tanzstil, Anm. d. Ü.], wobei sie Hände haltend abwechselnd auf einander zu- und wieder voneinander wegtanzten, dabei gleichzeitig große Sprünge taten, sodass sie alle miteinander zu verschmelzen schienen. Dazu sangen sie ebenso alle gleichzeitig. Sowohl die Lieder als auch die Tänze werden auch heute noch genauso getanzt".

Jedoch gibt es auch noch die reinste Form des Tango von El Hierro, der sehr lebendig und schwierig in der Ausführung ist, und der von einer schönen, tiefgehenden und geheimnisvoll anmutenden Musik begleitet wird. Bei diesem herrlichen und fröhlichen Tanz verschmelzen die Trommel, die Flöte und die Stimme einer Frau so miteinander, dass sie den, der ihnen lauscht, in eine andere Zeit versetzen.

Das Rad des Abreu Galindo

Bei diesen Tänzen formen Männer und Frauen einen Kreis, der sich im Rhythmus der Musik vor- und zurückbewegt. Sie tun dies in einer ähnlichen Weise, wie sie Abreu Galindo, Anno 1590, beschrieb. (Oben) Die Gruppe Acorán aus Los Realejos auf Teneriffa.

Die *Chácaras*

Die *Chácaras* sind ein kanarisches Percussions-Instrument. Sie sehen den Kastagnetten ähnlich, sind jedoch größer. Sie werden hauptsächlich auf den Inseln El Hierro und La Gomera benutzt. Sie wurden von den Chronisten nicht erwähnt. Es liegen auch keine archäologischen Funde vor, die ihr Vorhandensein bestätigen. Aber aufgrund von mündlicher Überlieferung und etymologischer Analysen werden die Chácaras als Instrumente der alten Guanchen angesehen.

Spiel und Sport:
Der Zeitvertreib der Guanchen

> „Sie waren großartige Schwimmer (…) sowohl Männer als auch Frauen und Kinder". JUAN DE ABREU GALINDO. ANNO 1590

Der Kampf der Inseln
Der erste historische Bezug auf diesen Ringkampf findet sich in einer Chronik aus dem Jahre 1420: „Einer war der große Kämpfer Maguer, und er war vierzig Jahre alt und es gab keinem am Hofe, welcher es mit ihm hätte aufnehmen wollen".

Wie es nicht anders sein konnte, spielte das Meer eine große Rolle im Leben der alten Kanaren. Aus dem Meer holten sie nicht nur Nahrung und Rohstoffe; aus dem Meer kamen die Seelen ihrer Vorfahren, aus dem Meer kam und in ihm verbarg sich der Stern, der ihre Leben bestimmte, die Sonne. Aber sie genossen das Meer auch einfach.

Abreu Galindo hielt 1590 fest, dass die Guanchen „großartige Schwimmer (…) (waren), sowohl Männer wie auch Frauen und Kinder", die es genossen zu fischen und sich auf dem Wasser fortzubewegen. Deshalb, nach Torriani (Anno 1590), bauten sie Boote aus dem Holz des Drachenbaumes. Sie höhlten den Stamm aus, füllten als Ballast den Boden mit Steinen auf und mit Hilfe von Rudern und Segeln aus Palmfasern umschifften sie die Küsten der kanarischen Inseln".

Die gute körperliche Form, der sich die Guanchen erfreuten, ermöglichte es ihnen, die verschiedensten Sportarten auszuüben. Einige von ihnen haben sich bis in unsere Tage erhalten.

La Lucha Canaria – „Der Kanarische Kampf"

Die Lucha Canaria findet sich in zahlreichen historischen Quellen und ist auch heutzutage noch einer der beliebtesten Sportarten auf den Kanarischen Inseln. Alonso de Espinosa berichtet uns 1594 davon, dass dieser Ringkampf für gewöhnlich auf den Festen ausgeübt wurde; „Im Kampf zeigte jeder Einzelne seine Stärke mit großer Leichtigkeit und Beweglichkeit".

Die erste historische Erwähnung findet die *Lucha Canaria* in der königlichen Chronik von Juan II von Kastilien (Anno 1420), die

Die Keramiken

Die Besonderheit der alten Keramiken auf den Kanaren ist, dass sie ohne eine Art von Drehscheibe per Hand hergestellt wurden.
Die Chronisten erzählen uns, dass es die Guanchen-Frauen waren, die sich um die Herstellung der Keramiken kümmerten. Für gewöhnlich dienten diese Keramiken der Vorratshaltung, waren praktisch beim Transport und Verbrauch von Lebensmitteln. Aber die Frauen nutzten diese Arbeit auch als Zeitvertreib, sie stellten dekorative Elemente für ihre Häuser her oder schufen Kunstwerke oder Stücke religiöser Natur.

von Alvar García de Santa María geschrieben wurde. Darin wird von der Reise des Bischofs, Bruder Mendo, erzählt, der von Diego Fernández um Unterstützung auf Lanzarote gebeten worden war. Mit ihm reisten zwei zum Christentum konvertierte Kanaren von der Insel Gran Canaria. „Sie waren Christen, und einer war der große Kämpfer Maguer, welcher vierzig Jahre alt war und am Hofe gab es niemanden, der es mit ihm hätte aufnehmen wollen".

Wie spielt sich der Kampf ab?
Bei der Lucha Canaria handelt es sich um einen Ringkampf. Zu Beginn stellen sich zwei Sportler einander gegenüber in einem Kreis auf und packen sich am Hosenbein. Sie haben nicht länger als eine und eine halbe Minute Zeit, um den Kontrahenten aus dem Gleichgewicht zu bringen. Sie dürfen dabei nicht den Kreis übertreten, in dem sie stehen. Der Gegner muss in der Art zu Fall gebracht werden, dass er die Erde mit einem Teil des Körpers berührt, der nicht die Fußsohlen sein dürfen. Um dieses zu erreichen, wenden sie eine Reihe von geschickten Techniken an, sowohl mit den Händen als auch mit den Füßen.

Allerdings darf der Gegner nicht geschlagen werden.

Der Palo Canario – ein Stockspiel

Das Stockspiel oder *Palo Canario* ist eine Art Fechtkampf zwischen zwei Spielern, die einen Stock in den Händen halten. Es gibt drei Arten, je nach Größe des Stockes: Chico (klein), Palo mediano (mittelgroß) und Garrote oder Palo grande (Knüppel oder großer Stock). Es ist bekannt, dass er von den Guanchen, genau wie der Ringkampf als eine Art Spiel auf Festlichkeiten ausgetragen wurde. Entstanden ist er allerdings aus kriegerischen und Verteidigungs-Gründen.

Die erste Notiz über den Gebrauch von Stöcken von Seiten der Guanchen findet sich in der Bethencourt-Chronik (1402) und stellt eine Verbindung zu den

Ein Duell zwischen jungen Guanchen
Der wichtigste Hinweis auf den kanarischen Fechtsport kam von dem Ingenieur Torriani (Anno 1590) auf einem sehr wertvollen Dokument: Eine Zeichnung von zwei Kanaren, weiß und blond, auf einer kleinen Plaza während einer Art Ritual mit Stäben von mittlerer Größe.

El palo canario **– „Das Stockspiel"**
Dieses kanarische Fechtspiel hat sich in Variationen bis heute erhalten.

Bimbaches – den Einwohnern von El Hierro - her: „Die Männer trugen große Lanzen, die nicht aus Eisen waren."

Antonio Cedenyo, Soldat unter Juan Rejón, schrieb 1478 in einer Darstellung Gegenteiliges:„An dem Tag, als die Hochzeit gefeiert wurde (...) brachten sie die Frau zu ihrem Haus und bereiteten eine große Mahlzeit vor und Spiele (...) und veranstalteten einen Wettkampf mit Stöcken oder Rutenbündeln, die mit dem Blut des Drachenbaumes koloriert waren".

Jedoch ist die wichtigste Bezugnahme auf diesen Kanarischen Fechtsport dem Ingenieur Torriani (Anno 1590) in einem äußerst wertvollen Dokument zu verdanken: Eine Zeichnung, die zwei Kanaren auf einem kleinen Platz in einer Art Ritual mit Ruten mittlerer Größe darstellt. Und er schrieb: „Wenn sich zwei Kanaren zum Duell herausfordern, gingen sie zu einem ausgesuchten Ort, einer Art hoher Arena, die an jedem Ende einen flachen Stein aufwies, so groß, dass ein Mann darauf stehen konnte. Zuerst stellte sich jeder auf seinen Stein(...) mit dem Stock, der *Magodo* oder *Amodeghe* genannt wurde (...) und danach stellten sie sich wieder auf die Erde und konfrontierten sich fechtend mit den *Magodo*s, und jeder suchte seinen Vorteil".

Wie läuft das Spiel ab?
Das Stockspiel ist letztendlich ein Fechtkampf. Die Spieler bestimmen seine Länge und wenden eine Menge schneller und sehr ansehnlicher Techniken an.

Merkwürdigerweise gibt es kein festgesetztes Ende. Es wird von den Spielern selbst bestimmt oder auch, wenn der Augenschein sagt, wer der Bessere ist.

Lanzamiento de piedras **– „Das Steine-Werfen"**
Dieses Spiel verschwand nach der Eroberung der Inseln, jedenfalls wurden keine Zeichen dafür nach der Konquista gefunden. Für die Zeit davor gib es sie.

Das Werfen von Steinen und das ihnen Ausweichen ist ein vom Charakter her kriegerisches Spiel. Um Steine als Wurfgeschosse einsetzen zu können, bedurfte es einer sehr großen Beweglichkeit, über welche die Guanchen offensichtlich verfügten.

Die Steine, die zu diesem Zwecke benutzt wurden, waren poliert und geschliffen. Alonso de Espinosa (Anno 1594) berichtete: „ Sie benutzten walzenförmigen Steinkugeln, die sie mit großer Kraft warfen". Jedoch spielten sie dieses Steine-Werfen nicht nur in kriegerischer Absicht, sondern auch als Wettspiel zu ihrem Vergnügen:

„Ihre Leichtfüßigkeit war so groß, dass sie in zehn Schritten voneinander standen und warteten, dass der andere einen Stein oder eine Lanze werfe, und nie wurde einer getroffen, weil sie mit ihren Körper mit großer Geschicklichkeit auswichen", betont Espinosa (Anno 1594).

Auf der Insel La Gomera wurde dieses Spiel benutzt, um die Kinder in diesen Fertigkeiten zu unterrichten. So erzählt Abreu Galindo (Anno 1590): „Die Gomeros waren Menschen von mittlerer Statur, kräftig, schnell und geschickt im Angriff und in der Verteidigung und großartige Steine-Werfer (...). Die Inselbewohner hatten die Angewohnheit, ihre Kinder mit diesem Spiel geschickt und flink zu machen. Die Väter stellten sich auf eine Seite und bewarfen sie mit Tonbällen, damit sie lernten, sich zu schützen.

Und als sie größer wurden, wurden die Kinder mit Steinen und Stäben und Pfeilen beworfen(...). Und die Jugendlichen fingen die Steine und die Speere und Wurfpfeile, die auf sie geworfen worden waren mit den Händen in der Luft auf".

Außerdem enthüllt uns dieser Chronist die Geschichte eines Guanchen, der am spanischen Hof diese Fähigkeiten nutzte, um sich etwas zu verdienen: „Antonio de Nebrija erzählt in seinem Buch Décadas von einem Kanaren, der ohne die Füße vom Fleck zu bewegen, es aushielt, dass aus zwölf Schritten Entfernung mit zehn oder zwölf Steinen auf seinen Kopf gezielt wurde, ohne dass er verletzt wurde. Und für jedes Mal gaben sie ihm einen Viertel (Münze). Und der Autor schrieb dies mit Hochachtung".

In derselben Erzählung fügt der religiöse Chronist hinzu: „Es gab einen Kanaren, der gab drei Männern zwölf Orangen, und er nahm sich zwölf andere und warf sie auf die Männer (die zwölf Orangen), ohne dass einer von ihnen (drei Männer) die Zeit hatte, auch nur eine zu werfen. Und sie hatten zwölf Schritte Entfernung ausgemacht. Und wie oft auch immer sie diese Wette machten, der Kanare gewann immer".

Weitere Geschicklichkeitsspiele

„Sie kannten weitere Tausend kleine ungezwungene Spielereien wie sich mit einer Lanze von steilen Klippen zu werfen, viele Meter tief. Aber, da sie meist schon bekannt sind, habe ich keine Lust, Zeit zu verschwenden, um sie aufzuschreiben".
Alonso de Espinosa. Anno 1594

Salto de vara – „Der Ruten-Sprung"
Hierbei handelt es sich um ein Spiel der Guanchen, das verschollen ist. Daher weiß man sehr wenig darüber. Der einzige Bezug, der bis in unsere Zeit besteht, ist Abreu Galindo (Anno 1590) zu verdanken. Er erzählt uns von Bräuchen der Bewohner von Lanzarote und Fuerteventura: „Sie waren sehr geschickt im Springen. Das war ihre vorrangige Übung. Zwei Männer nahmen eine lange Rute, einer von der einen, der andere von der anderen Seite und erhoben die Arme mit der Rute so weit wie nur möglich. Und der, der darüber springen konnte, galt als der Geschickteste. Und auch zwei, drei Paare stellten sich in einer Reihe hintereinander auf. Und es gab Männer, die diese Ruten in drei Sprüngen, ohne Halt zu machen, übersprangen".

Levantamiento de piedras – „Das Steine-Heben"
Das Heben von großen Steinen als Art Wettbewerb zum Kräftemessen zwischen Gegenspielern könnte eine andere Aktivität der Guanchen gewesen sein, die sie auf ihren Festen ausübten.
„Es waren Männer von so großer Geschicklichkeit, und einiges, was über sie erzählt wird ist schier unglaublich. Von einem Geröllstein, den es in der Gemeinde Arico (auf Teneriffa) gab, massiv, schwer und riesengroß, den ich selber sah, so erzählten sie mir, hätten ihre Vorfahren zum Kräftemessen benutzt. Sie hätten ihn mit den Händen angehoben, ihn mit Leichtigkeit über ihren Kopf auf die Schultern geworfen; und heute gibt es keinen Mann, so stämmig er auch wäre, der ihn anheben, nicht einmal lüpfen könnte", versicherte Espinosa (Anno 1594).

Epilog

Aus dem, was wir im Laufe des Buches lernen konnten, lässt sich ableiten, dass die Guanchen Erben alter Rassen und Kulturen waren. Kulturen, die aus Europa und Nordafrika stammten. Einerseits konnte sich eine Menge aus diesem Kulturgut aufgrund der isolierten Lage der Inseln erhalten, andererseits wurden dieses Erbe über die Jahrhunderte hinweg adaptiert und eine neue Kultur entwickelte sich: Die Kultur der Guanchen.

Das Einlaufen auf den Kanarischen Inseln, in jenen fernen Zeiten, ist augenscheinlich zu großen Teilen durch blinden Zufall, durch Schiffbruch aufgrund von Unwettern oder durch den Verlust des Schiffes verursacht worden Dadurch verwandelte sich eine mögliche Rückkehr in ein unmögliches Abenteuer. Dies alles könnte der Grund dafür sein, dass sich unterschiedliche antike Kulturen durch die Isolierung auf den Inseln erhalten konnten.

Die Felszeichnungen von El Julán auf El Hierro sind fast identisch mit denen aus dem Gebirge des Großen Atlas; die Felsgravuren von La Palma finden sich auch in Irland und Schottland. Die Mumifizierung der Toten scheint unter ägyptischem Einfluss gestanden zu haben. Keramiken aus Gran Canaria und La Palma weisen Parallelen zu denen aus der Sahara auf. Und die Ketten aus gebrannten Ton-Perlen auf Teneriffa fand man auch im Mittelmeerraum und in Britannien. Nichtsdestotrotz hat dieses verblüffende Konglomerat von Kulturen eines gemeinsam. Breite Gesichter, hervorstehende Wangen, ein wenig eingesunkene Nasen, einen robusten Knochenbau und eine hohe Statur unterscheiden sich vollkommen von den Rassen aus dem Mittelmeerraum. Es gibt nur eine enschliche Rasse, welche die gleiche Schädel- und Knochenform wie die Guanchen aufweist: die Rasse aus dem Cro-Magnon aus der letzten Periode der Eiszeit.

Die Guanchen sind von diesem anthropologischen Gesichtspunkt aus betrachtet Abkommen der Menschen aus dem Cro-Magnon, die sich bis zu dem Genozid, der durch die Konquistadoren verursacht wurde, nahezu intakt erhalten konnten. Diese Vorherrschaft der cromanoiden Rasse auf allen Inseln des Archipels wird Substrat-Kultur genannt, eine Kultur des ersten Siedler-Volkes.. Diese Tatsache vereint alle Inseln.

Die Eroberung der Inseln

Seit dem 12. Jahrhundert entwickelte sich die Seefahrt in den europäischen Staaten und seither waren die alten kanarischen Inseln als Ziel markiert. Die europäischen Staaten, die danach strebten, neue Routen nach Indien zu finden, schickten Schiffe aus, die Afrika umrundeten, um sie mit Gewürzen, Sklaven und wertvollen Metallen zu versorgen. Die Inseln boten nicht nur eine Basis zur Verproviantierung auf dem Weg rund Afrika, sondern hatten auch Waren, die auf den Märkten leicht verkäuflich waren, wie zum Beispiel die Orchilla, von der wir schon sprachen oder eine Ware, die vielleicht noch gewinnbringender war: Sklaven.

Schiffsführer unterschiedlicher Nationalität fingen Guanchen als Sklaven ein und verkauften sie an die Händler und großen Herren aus Nordafrika. Das geschah bis zum Jahre 1402, als der normannische Ritter Jean de Bethencourt auf Lanzarote landete. Er hatte die Idee, alle Inseln mit französischen Auswanderern zu besiedeln. Dies war der Zeitpunkt, als auch mit der Christianisierung der Ureinwohner der Kanaren begonnen wurde. Es gelang Bethencourt auch, jedenfalls teilweise. Zuvor setzte er allerdings einige radikale Methoden ein, um die Ureinwohner Lanzarotes zu unterjochen, die nicht bereit waren, mitzumachen. Die Guanchen der anderen Inseln waren nicht willens, mit den Franzosen zu kollaborieren, was zu blutigen Auseinandersetzungen führte. Die christianisierten Guanchen Lanzarotes halfen dem normannischen Edlen, zwei weitere Inseln zu erobern: Fuerteventura und El Hierro.

Sie waren allerdings nicht so waghalsig, sich den großen Inseln zu nähern. Diese verfügten über eine Gesellschaft, die sehr gut organisiert und in verschiedene Königreiche und Stämme aufgeteilt war.

Ein Jahr später kam Bethencourt mit Verstärkung auf die Inseln zurück, begleitet von einer Gruppe von normannischen Abenteurern und einem Bischoff, der vom König nrique III. von Kastilien eingesetzt worden war. Dieser unterstützte die Eroberung, im Gegenzug sollte sich der Normanne dem König von Kastilien als Vasall unterwerfen. Die getauften Guanchen empfingen die Ankömmlinge mit lauten Rufen der Freude und nicht getaufte Guanchen mit Steinwürfen.

Bethencourt blieb bis zum Jahre 1412 auf den Inseln, dann kehrte er endgültig auf seine Ländereien in der Normandie zurück. Seinen Besitz auf Lanzarote, Fuerteventura und El Hierro übergab er an seinen Neffen Maciot de Bethencourt, der diese seinerseits mit allen Rechten an die spanischen Ritter der Konquista verkaufte.

Es steht außer Frage, dass die Guanchen sich nicht einfach unterwerfen ließen, sie kämpften. Während des 15. und 16. Jahrhunderts kämpften die Spanier ununterbrochen gegen die Inselbewohner, bis diese zum Schluss nahezu ausgerottet waren. Den Mut, den die Guanchen selbst in den aussichtslosesten Kämpfen bewiesen, versetzte sogar die kampferprobtesten spanischen Militärs in Erstaunen.

Im Jahre 1483, gelang es Doramas, dem *Guanarteme* von Telde, die Spanier von Gran Canaria zu vertreiben. Im Jahre 1494 siegten Guanchen aus dem Norden von Teneriffa unter ihrem Anführer, dem Mencey Bencomo, mit Steinwürfen und Stockhieben über mehr als Tausend gut bewaffnete spanische Soldaten. Erst nach einem Jahr des Kampfes gegen ein neues Kampfgeschwader mussten die Guanchen aufgeben. Auf anderen Inseln stürzten sich die besiegten Guanchen von den höchsten Felsenklippen, um nicht gefangengenommen zu werden.

Die Eroberung bedeutete für die Guanchen das Ende ihrer Kultur und ihrer Art zu leben. Diese Eroberung und anschließende Kolonisierung der kanarischen Inseln wurde zur Generalprobe für das blutige Schauspiel, das anschließend in den neu entdeckten Ländern Amerikas aufgeführt werden sollte. Die *Rebellen* der Guanchen wurden dezimiert und versklavt. Es wurden ihre Sprache, ihre Religion und ihre Bräuche verboten. Die Inquisition wurde benutzt, um die sichtbaren Reste eines alten Volkes zu beseitigen. Und als Letztes ließen sie die Kanaren glauben, dass die Guanchen von der Erde getilgt seien.

Während vieler Jahrhunderte waren die Guanchen nicht mehr als eine vage Erinnerung, bis sich im 19. Jahrhundert die Wissenschaft des Bildes von den „guten Wilden" annahm: „Eine Rasse von mutigen und friedfertigen Schäfern mit reinen und gemäßigten Bräuchen"; „ein Beispiel für Anstand, Treue, Ehrliebe, Mäßigung und Zuverlässigkeit", oder „arbeitsam und liebevoll mit den Alten", sind einige der Beschreibungen, die in dem Jahrhundert gegeben wurden.

Ist es wirklich wahr, dass die Guanchen verschwanden?

Ihre Kultur und ihre Bräuche verschwanden. Vom 15. Jahrhundert an kam der größte Teil der Inselbevölkerung aus Galicien, Kastilien, Andalusien und Aragon. Sie widmeten sich der Landwirtschaft, bearbeiteten sowohl ihr eigenes Stück Land gut, verdingten ich aber auch bei anderen Grundbesitzern. Sie waren jedoch nicht die einzigen Kolonisten. Es kamen auch Portugiesen, Flamen und Händler aus Genua mit dem Ziel, den Anbau von Zuckerrohr und die Vermarktung und den Export von Zucker voranzutreiben. Der Zucker entwickelte sich zum wichtigsten kanarischen Exportprodukt und brachte eine erste große Wohlstandswelle. Gleichermaßen kamen andere Bevölkerungsgruppen, Morisken und Schwarze aus Afrika, auf die Inseln, nachdem sie gefangengenommen worden waren, um als Sklaven auf den Zuckerrohrplantagen und als Hausdiener für die hohen Herren zu arbeiten.
Schon im 16 Jahrhundert wanderten auch Engländer und Iren ein. Sie befassten sich mit der Herstellung und dem Export von Wein, ein Erzeugnis, das in ihren Ländern sehr gefragt war.

All diese Gruppen integrierten sich schnell und schufen so eine ineinander verflochtene soziale Struktur, die der kanarischen Bevölkerung einen eigenen und besonderen Charakter verlieh: kosmopolitisch und offen für Einflüsse von außen zu sein. Diese Eigenschaft hält sich bis heute. Aus wirtschaftlicher Sicht entwickelte sich der Zuckerrohranbau hauptsächlich auf Gran Canaria, während man sich auf Teneriffa auf den Weinanbau spezialisierte. Auf den kleineren Inseln entwickelte sich eine Landwirtschaft, die sich auf den Absatz ihrer Produkte innerhalb der Inseln konzentrierte, da sich die großen Inseln auf den Export ihrer Güter konzentrieten, und nicht in der Lage waren, sich ausreichend selbst zu versorgen.

Dieses Modell funktionierte für mehr als drei Jahrhunderte. Die Kanarischen Inseln wurden Bestandteil der spanischen Krone, wurden von einem Vize-König, der seinen Sitz auf Teneriffa hatte, regiert. Auf Gran Canaria gab es einen Gerichtsstand, der sich *Audiencia* nannte. Jede Insel bildete eine eigene Gemeinde, die von einer Insel-Regierung verwaltet wurde. Sie wird *Cabildo* genannt.

Zu einigen Zeiten in der Geschichte der Inseln mußte der Export von Zucker und Wein eingestellt werden. Gründe dafür waren unter anderem Kriege, die in den Zielländern geführt wurden oder auch die starke Konkurrenz für dieselben Produkte, die in amerikanischen Kolonien hergestellt wurden. In diesen Zeiten litten die Inseln unter Engpässen, weshalb die Einfuhr von Versorgungsgütern reduziert wurde, und die Bevölkerung litt Hunger und Not. Das wiederum bewirkte, dass viele Menschen sich zur Auswanderung entschlossen. Meistens gingen sie nach Amerika, um dort nach neuen Möglichkeiten für ein besseres Leben zu suchen.

Die neue kanarische Gesellschaft, die über Jahrhunderte keine großen Veränderungen erleben musste, gliederte sich verschiedene Gruppen. Die Edlen und der Klerus waren die Großgrundbesitzer, ihnen gehörte der größte Teil des Bodens, und ihnen gehörte das Wasser. Sie besetzten die wichtigen Posten im Cabildo und den Rathäusern, beim Militär und in der Inquisition. Danach kamen die großen Händler, in der Mehrzahl

Ausländer, die auf die Kanaren kamen, um Zuckerrohr und Wein zu vermarkten; zudem kontrollierten sie den Handel mit Sklaven, die Einfuhr von Waren zur Tabak- und Kaffee-Herstellung. Sie häuften große Reichtümer an und viele von ihnen erreichten den Status von Edlen, auch durch Einheirat in adlige Familien oder durch den Kauf von Titeln.

Auf einer niedrigeren Stufe dieser neuen

Gesellschaft befanden sich die Arbeiter, mittlere und kleine Besitzer von Grund und Wasser. Sie konnten durch ihren Besitz gerade das Notwendige zum Leben erwerben, Reichtümer konnten sie damit nicht sammeln. Oft genug mussten sie sich auch als Arbeiter bei den großen Landbesitzern verdingen, wenn ihre eigene Ernte schlecht ausgefallen war.
Auf dem gleichen Niveau wie die Kleinbauern befanden sich die kleinen Händler und Handwerker, die in den Städten lebten. Sie bildeten nur eine kleine Gruppe.
Den größten Anteil an der Bevölkerung stellten die Landarbeiter ohne eigenes Land. Sie arbeiteten für die Großgrundbesitzer. Jedoch waren sie nicht der Bodensatz der Gesellschaft, auf der geringsten Stufe lebten die Bettler und die Sklaven.

Und welchen Platz nahmen die Guanchen und ihre Nachkommen ein?

Auch wenn es unglaublich erscheint, aber den Guanchen gelang es, in nahezu jeder sozialen Gruppe der neuen Gesellschaft vertreten zu sein: von der einflussreichsten Gruppe des Adels und des Klerus bis hin zur bescheidensten, den Landarbeitern, nicht zu vergessen diejenigen, die sich in den ersten Jahren weigerten, sich von der neuen Religion vereinnahmen zu lassen, und zu niederen Sklaven wurden.

Wie konnte so etwas geschehen?

Von den blutigen Schlachten einmal abgesehen, die während der Eroberung stattfanden, waren die Verluste in der Gesellschaft der Guanchen nicht so hoch, wie man annehmen könnte. Auf Lanzarote, Fuerteventura und El Hierro hing es bei den meisten von ihrer Entscheidung ab, wie sie sich zu den Eroberern stellten. Diejenigen, die kollaborierten und die neue christliche Religion annahmen, hatten keinerlei Problem, sich an das neue System anzupassen, viele von ihnen wurden sogar mit Land belohnt.

Auf Gran Canaria, La Palma und Teneriffa wurden die Bewohner der Teile der Inseln verschont, die während der Konquista nicht gekämpft hatten, ihnen wurde sogar später geholfen. Die Guanchen, die in jenen Gebieten lebten (*Bandos de Paces - Gebiete des Friedens*), hatten sich friedlich verhalten. Deshalb erhielten sie die Freiheit und einige von ihnen sogar Land und Wasser.

Die aufständischen Guanchen, die Krieger, die fortfuhren zu kämpfen, wurden getötet oder gerieten in Gefangenschaft oder flohen in die Berge der Inseln. Über viele Jahre hinweg unternahmen die neuen Kolonisten, getauft als *Reconquistas - Wiedereroberer*, Streifzüge in die Berge und in den Süden der Inseln mit dem Ziel, die aufständischen Guanchen zu fangen, um endlich mit ihnen Schluss zu machen. Dieses Ziel jedoch erreichten sie nicht. Die Eingliederung dieser Rebellen-Guanchen in die Gesellschaft musste letztendlich die Zeit übernehmen. Sie dauerte Jahrzehnte.

Nichtsdestotrotz behaupten einige Autoren, dass die Bevölkerung, die von den Guanchen abstammte, die der neuen Bewohner übertraf. Aber innerhalb weniger Jahre fand eine totale Integration statt, auch, weil Hochzeiten zwischen Guanchen-Frauen und Kolonisten sehr beständig stattfanden. Um Chancen in der neuen Gesellschaft zu haben, war ein Requisit unabdingbar: man musste seine Vergangenheit als Ureinwohner hinter sich lassen. So legten die neuen Guanchen ihre alten Nachnamen ab – Nachnamen, die sie von den neuen Einwohnern unterschieden – und nahmen neue an. Millares Torres berichtet uns von Prüfungen der Vornehmheit. Nur wenn man sie bestand, durfte man höhere Schulen (die zu weiterem Studium führen konnten) besuchen. Es war absolut notwendig zu bestätigen, dass man kein kanarischer Abkömmling, Jude oder Moriske war. Das führte dazu, dass alteingesessene Inselbewohner ihre Abstammung verbargen, in dem sie sich neue Stammbäume ausdachten.

Nur die Guanchen, die geradewegs von

den Königen (*Menceyes* oder *Guanartemes*) abstammten, konnten sich weiterhin ihrer Namen rühmen. Sie heirateten spanische Adlige, und dank dessen erhielten ihre Kinder eine hervorragende akademische Ausbildung im Königreich Kastilien. Wenn sie auf die Inseln zurückkehrten, übernahmen diese die wichtigsten politischen und kirchlichen Posten. Daher hat es auch Guanchen gegeben, die Bischöfe, Ärzte, Oberbefehlshaber beim Militär, Richter und herausragende Politiker in den Inselregierungen waren. Sie hatten einen sehr hohen Einfluss, obwohl sie nur eine kleine Minderheit in der Gesellschaft darstellten. Die überwiegende Anzahl der Guanchen lebte auf dem Lande, im harten Süden der Inseln und vor allem in den Bergen. Diese waren Schäfer, Handwerker und Arbeiter. Es gibt einige Autoren, die behaupten, dass wir die Mehrzahl der Vokabeln und Bräuche, die sich bis in unsere Zeit erhalten haben, überwiegend den Schäfern zu verdanken haben. Eine Erfahrung, die von Generation zu Generation weitergegeben wurde und demzufolge immer in den Händen der Guanchen war. Das ist sicher eine romantische Vorstellung, aber sie hilft uns, nicht allzu abrupt mit der Vergangenheit zu brechen.

Die Guanchen des 21. Jahrhunderts

Es gibt drei Möglichkeiten, um herauszufinden, ob es heutzutage wirklich noch Guanchen gibt:

EINS.- DIE HISTORISCHEN QUELLEN, die uns helfen herauszufinden, ob die Gaunchen während der Zeit der Eroberung durch die Spanier von der Erdoberfläche gefegt wurden oder nicht. Wie wir wissen, sind einige mit den Kolonisten der verschiedenen Herkunftsländer persönliche Beziehungen eingegangen. Andere, vornehmlich die Bewohner der Bergregionen und die der Südseiten der Inseln, haben, wie wir gesehen haben, etwas länger gebraucht. Und wieder andere sind verbannt worden. Sie sind aber nicht verschwunden. Dem berühmten Professor Rumeu de Armas zufolge, waren in den Sechziger Jahren des 20. Jahrhunderts über 90% der Bevölkerung Teneriffas Nachfahren der Guanchen.

ZWEI.- DIE ANTHROPOLOGIE deutet darauf hin, dass die äusseren Erscheinungsmerkmale der Ureinwohner in verschiedenen Regionen der Inseln - in südlichen Gegenden, in Randbezirken der Städte, und in höher gelegenen Bergdörfern - zumeist bei der weniger wohlhabenden Bevölkerung, eindeutig überwiegen. Die in den Museen erhaltenen Schädel der Guanchen sind denen der aktuellen kanarischen Bevölkerung in vielen Aspekten trotz der vielfachen Rassenkreuzung der vergangenen Jahrhunderte ähnlich.

DREI.- Den möglicherweise entscheidenden Hinweis liefert **DIE GENETIK** anhand der DNA-Studie: 300 Gebissproben, der in den Museen gelagerten Schädel, wurden mit 300 Gebissproben von heutigen Bewohnern aller Inseln verglichen. Die Ergebnisse sprechen eine deutliche Sprache. Der genetische Bestandteil U6b1, einzigartig in der kanarischen Bevölkerung, beweisen, dass die Abstammung der Guanchen mütterlicherseits mit einer leichten Abnahme überlebt hat, während das genetische Erbgut väterlicherseits progressiv abgenommen hat und durch das Erbgut der Festlandbewohner (Spanier und Portugiesen) ersetzt worden ist. Dies beweist, dass die Mehrheit der männlichen Ureinwohner nicht während der Eroberung verschwunden ist sondern von den Eroberern verdrängt und ersetzt wurde, während die Frauen scheinbar von den ansässigen Europäern akzeptiert wurden.

Forschern zufolge stammen 30% der derzeitigen kanarischen Bevölkerung von den Ureinwohnern ab: von jenem geheimnisvollen und überraschenden Volk der Guanchen.●

Einige geheimnisvolle Orte

Auf den Spuren der Guanchen

GRAN CANARIA

Museo Canario
Doctor Verneau, 2 - 35001 Vegueta
Las Palmas de Gran Canaria
Tf. 928 33 68 00

Cueva Pintada de Gáldar
Museo y Parque Arqueológico
Calle Audiencia, 2 - 35460 Gáldar
Tf. 928 89 57 46

Museo de Guayadeque
Centro de Interpretación Arqueológico
Carretera del Barranco de
Guayadeque -35260 Agüimes
Tf. 928 17 20 26

Mundo Aborigen
Carretera de Fataga Km 6,
35108 Fataga | Tf. 928 17 27 63

Cenobio de Valerón
Zona Arqueológica
Cuesta de Silva s/n - Santa María
de Guía | Tf. 618 60 78 96

Necrópolis de Arteara
Zona Arqueológica
Carretera GC-60 hacia Fataga
San Bartolomé de Tirajana
Tf. 638 81 05 91

Roque Bentayga
Centro de Interpretación Arqueológico
Finca El Majadal -Tejeda
Tf. 928 71 93 88

Cañada de Los Gatos
Zona Arqueológica
C/La Puntilla s/n Playa de Mogán
Tf. 638 81 06 21

La Fortaleza
Centro de Interpretación Arqueológico
GC-651 km 1,9 La Sorrueda -Santa
Lucía de Tirajana | Tf. 690 18 84 46

Cuatro Puertas
Zona Arqueológica
Calle Guanche s/n - 35215 Telde

Maipés de Agaete
Necrópolis-Parque Arqueológico
C/ Chapín s/n - Agaete
Tf. 928 17 11 77

LA PALMA

**Museo Arqueológico
Benahoarita**
C/ Las Adelfas - 38760 Los Lanos
de Aridane | Tf. 922 46 46 09

**Parque Arqueológico
de Belmaco**
Carretera del Hoyo de Mazo a
Fuencaliente Km. 7 - 38730 Lomo
Oscuro, Villa de Mazo
Tf. 922 69 60 74

La Zarza y la Zarcita
Parque Cultural
C/ La Mata (LP-1, km 59)
38787 Llano Negro - Villa de Garafía
Tf. 922 69 50 05

El Tendal
Parque Arqueológico
Los Galguitos - San Andrés y Sauces
Tf. 922 45 02 03

**Petroglifos del Lomo
de La Fajana**
Zona Arqueológica
Municipio de El Paso

FUERTEVENTURA

**Museo Arqueológico
de Betancuria**
C/ Roberto Roldán s/n -35637
Betancuria | Tf : 928 878 241

Poblado de La Atalayita
Centro de Interpretación Arqueológico
Valle de Pozo Negro -Antigua

LANZAROTE

**Museo Arqueológico
de Lanzarote**
C/ Fajardo, 5 - 35500 Arrecife
Tf. 828 81 01 00

Castillo de San Gabriel
Centro de Interpretación Arqueológico
Avda. marítima s/n - Arrecife
Tf. 928 811 950

TENERIFE

**Museo de la Naturaleza
y Arqueología (MUNA)**
Anteriormente Museo de la
Naturaleza y el Hombre (MNH)
Calle Fuentes Morales s/n
38003 Santa Cruz de Tenerife
Tf. 922 53 58 16

**Museo Arqueológico
del Puerto de la Cruz**
Calle del Lomo, 9
38400 Puerto de La Cruz
Tf. 922 37 14 65

Museo Guanche
C/ Pepe Floro 5-7
Centro Comercial La Magalona
Icod de Los Vinos
Tf. 922 19 10 04

Pirámides de Güímar
Parque Etnográfico
Calle Chacona s/n
38500 Güímar
Tf. 922 51 45 10

GOMERA

**Museo Arqueológico
de La Gomera**
C/ Torres Padilla, 8
38800 San Sebastián de La Gomera
Tf. 922 14 15 86

EL HIERRO

**Museo Arqueológico
de El Hierro**
Calle Juan Ramón Padrón Pérez, 1
Valverde | Tf. 922 55 16 65

El Julan
Centro de Interpretación Arqueológico
Carretera general del Julan s/n
El Pinar | Tf. 922 55 84 23

Bibliographie

Zur altertum
HARRISON, Evelyn B. 1964. *Hesperides and Heroes: A Note on the Three-Figure Reliefs*.Publicado en The Journal of the American School of Classical Studies at Athens. Enero 1964. Estados Unidos.

STEELE, Philip. 2009. *A mariner´s Tale*. Quarto Book Ltd. London. Reino Unido.

PLINIO SEGUNDO, Cayo. *Historia natural*. Obra completa. Editorial Gredos. Madrid

Zur die guanchen (im großen)
MILLARES TORRES, Agustín. 1977. *Historia General de las Islas Canarias*. Edirca. Santa Cruz de Tenerife.

GARCÍA TALAVERA, Francisco y ESPINOSA, José M. 1989. *Juegos guanches inéditos*. Colectivo cultural "Valle de Taoro". Santa Cruz de Tenerife.

MARÍN DE CUBAS, Tomás. 1993 (1694). *Historia de las siete islas de Canaria*. Transcripción, introducción y notas de Francisco Ossorio Acevedo. Canarias Clásica. Tenerife.

ABREU GALINDO, Juan de. (d. 1676) 1977. *Historia de la conquista de las siete Islas de Canaria*. Con Introducción, notas e índice por Alejandro Cioranescu. Goya. Santa Cruz de Tenerife.

TORRIANI, Leonardo. 1978 (1959). *Descripción e historia del reino de las Islas Canarias*. Introducción y Notas por Alejandro Cioranescu. Goya. Santa Cruz de Tenerife.

VIANA, Antonio de. 1991 (1604). *Antigüedades de las Islas Afortunadas*. Edición de María Rosa Alonso. Canarias: Gobierno de Canarias (SOCAEM), 2 vols. (Biblioteca Básica Canaria, 5).Santa Cruz de Tenerife.

ESPINOSA, Alonso de. 1980 (1594). *Historia de Nuestra Señora de Candelaria*. Introducción de Alejandro Cioranescu. Goya. Santa Cruz de Tenerife.

CEDEÑO, Antonio. 1993. *Costumbres de la Nación Canaria*. Colección Tagorin. Editorial Benchomo. Santa Cruz de Tenerife.

ARCO AGUILAR, Mª del Carmen del, y Juan Francisco Navarro Mederos. 1996 (1987). *Los aborígenes*.(Historia Popular de Canarias, 1). CCPC. Santa Cruz de Tenerife.

CIORANESCU, Alejandro. 2004. *Crónicas francesas de la conquista de Canarias. Le Canarien*. Ediciones Idea. Tenerife.

RECCO, Niccoloso da. 1341. *De Canaria et insulis reliquis ultra ispaniam in oceano noviter repertis*. Copia de G. Boccaccio (ca. 1342). Textos recogidos en el libro *Empezo en Babel. El descubrimiento de los pueblos*. 1967. Herbert Wendt. Editorial Noguer. Barcelona.

RECCO, Niccoloso da. 1341. *El relato de Niccoloso da Recco sobre Canarias*. Publicado en *La revista Aguayro*. (Mayo/junio 1982). Alfredo Herrera Piqué. La Caja de Canarias y ULPGC. Biblioteca Universitaria. Las Palmas de Gran Canaria.

VIERA Y CLAVIJO, José. 1982 (1772). *Noticias de la Historia de Canarias*. Edición a cargo de Alejandro Cioranescu. Goya. Santa Cruz de Tenerife.

MORALES PADRÓN, Francisco. 1993. *Canarias: crónicas de su conquista*. Cabildo Insular (Ínsulas de la Fortuna, 2), 2ª ed. Las Palmas de Gran Canaria.

BERNÁLDEZ, A. 1962. *"Memorias del reinado de los Reyes Católicos"*. Ed. M. Gómez-Moreno y J, de Mata Carriazo, Madrid, CSIC; reimpr. 1988. Sevilla.

Zur Gesundheit
CRUZ SUÁREZ, Jorge. 2007. *Más de 100 plantas medicinales en Medicina Popular Canaria*. Edita Obra Social de La Caja de Canarias. Las Palmas de Gran Canaria.

BOSCH MILLARES, Juan. 1961. *La medicina canaria en la época prehispánica*. Artículo publicado en la revista (nº7 y 8) Anuario de Estudios Atlánticos. www.mdc.ulpgc.es. Las Palmas de Gran Canaria.

Zur Wirtschaft
ARCO AGUILAR, María del Carmen del. 1995. *Recursos vegetales en la Prehistoria de canarias*. Museo Arqueológico de Tenerife. Santa Cruz de Tenerife.

NAVARRO MEDEROS, Juan Francisco. 2005. *Los aborígenes*. CCPC. Santa Cruz de Tenerife.

CABILDO DE LA GOMERA. 2008. *El buen estado del litoral permite la localización de más de 20 concheros*. Artículo publicado en el diario La opinión de Tenerife (25/2/2008). Santa Cruz de Tenerife.

Zu den Ursprünge
MACA Meyer, Nicole. 2002. *Composición genética de poblaciones históricas y prehistóricas humanas de las Islas Canarias*. Artículo publicado en la revista Europea Genética Humana (2003). Hampshire. Reino Unido.

MARTÍN, Verónica. 2008. *La ULL busca el origen de los aborígenes en el ADN*. Artículo publicado en el diario La opinión de Tenerife (7/3/2008). Santa Cruz de Tenerife.

TEJEDA, Antonio. 2011. *"Lo que conocemos de las momias de Canarias cabría en un dedal"*. Europa Press. Artículo publicado en el diario 20 Minutos.com (7/5/2010). Madrid.

MEDEROS, A. y ESCRIBANO, G. 2009. *Pesquerías púnico-gaditanas y romano republicanas de túnidos: el Mar de Calmas de las Islas Canarias (300-20 a.C.)*. En R. González Antón, F. López Pardo y V. Peña (eds.): Los Fenicios y el Atlántico. IV Coloquio Internacional del Centro de Estudios Fenicios y Púnicos (Tenerife, 2004). Centro de Estudios Fenicios y Púnicos. Madrid.

JESÚS R. 2010. *Alberto Vázquez-Figueroa nos abre las puertas de su casa*. Entrevista publicada en el blog de El Bibliófilo Enmascarado (8/4/2010). Colección Anotaciones personales sobre literatura. http://www.bibliofiloenmascarado.com. Madrid

SUETONIO TRANQUILO, Cayo. *Vida de los doce césares*. Obra completa. Año 119 y 122. Libros I-VIII. 1992. Editorial Gredos. Madrid.

OLDFIELD, M y MITCHINSON, J. 2010. *QI: Quite Interesting facts about the colour purple*. Artículo publicado en el diario The Telegraph (21/5/2010). Londres. Reino Unido.

MACHADO, Carmen. 1996. *Guanches: ¿Esclavos bereberes o hijos de la Atlántida?* Artículo publicado en la revista Año/Cero (Nº 64. Enero 1996). Madrid.

WHEELER, V y RHODRI, P. 2019. *Is this Atlantis?* Artículo publicado en el diario The Sun (20/2/2009). Londres. Reino Unido.

DONNELLY, Ignatius. 1882. *Atlantis, the Antediluvian World*. Sacred-texts.com. EE.UU.

FRUTUOSO, Gaspar y LEAL CRUZ, Pedro N. 2004. *Descripción de las Islas Canarias, capítulos IX al XX del libro de Saudades da Terra de Gaspar Frutuoso*. Centro de la Cultura Popular Canaria. Santa Cruz de Tenerife.

MUÑOZ JIMÉNEZ, Rafael. 1994. *La piedra Zanata y el mundo mágico de los guanches*. Museo Arqueológico de Tenerife. Cabildo de Tenerife. Santa Cruz de Tenerife.

SANTANA, Ana. 2009. *Los guanches: tras los orígenes de la población de las Islas Canarias*. Artículo publicado por la agencia EFE el 7 de septiembre de 2009. Santa Cruz de Tenerife.

ZURITA, Francisco. 2009. *El misterio de la Atlántida VII (Guanches ¿atlantes?)*. Artículo publicado en el blog del Grupo de Investigación Dimensión Cero el 30 de noviembre de 2009.Barcelona.

Zu der Ernährung
MÜNZER, Jerónimo. 1495. *Itinerarium Hispanicum*. Viaje por España y Portugal (1494-1495). Polifemo, 1991.Madrid.

Zu den Gesängen und Vorlieben
GÓMEZ ESCUDERO, Pedro. (ca. 1484). *Libro segundo prosigue la conquista de Canaria*. Del libro Canarias: Crónicas de su conquista. 1993. Morales Padrón, F. Cabildo Insular. Ínsulas de la Fortuna, 2. Las Palmas de Gran Canaria.

MORALES PADRÓN, Francisco. 1993. *Canarias: Crónicas de su conquista*. 1993. Morales Padrón, F. Cabildo Insular. Ínsulas de la Fortuna, 2. Las Palmas de Gran Canaria.

NUEZ CABALLERO, Sebastián de la. 1956. *Instrumentos musicales populares en las Islas Canarias*. La Habana. Cuba.

PÉREZ VIDAL, José. 1952. *Endechas populares en trístrofos monorrimos siglos XV y XVI*. La Laguna.

NAVARRO ADELANTADO, Vicente y HERNÁNDEZ ÁLVAREZ, Adelto. *Juegos tradicionales canarios*. Consejería de Educación del Gobierno de Canarias. http://www.gobiernodecanarias.org/educacion/ culturacanaria/juegos/juegos.htm

SIEMENS HERNÁNDEZ, Lóthar.1977. *La música en Canarias*. Consejería de Educación del Gobierno de Canarias. http://www.gobiernodecanarias.org/educacion/ culturacanaria/musica/musica.htm. Estractado de la revista del Museo Canario. 1977.

SIEMENS HERNÁNDEZ, Lóthar. 1969. *Instrumentos de sonido en habitantes prehispánicos de las Islas Canarias*. Estudios Atlánticos. Madrid

BARBUZANO, J. y A. MATEOS. 1993. *Técnicas o mañas de lucha canaria*. Dirección General de Deportes. Gobierno de Canarias. Santa Cruz de Tenerife.

CARDONA SOSA, A. 1995. *Juegos y deportes vernáculos y tradicionales canarios*. Cabildo de Gran Canaria. Las Palmas de Gran Canaria.

DOMÍNGUEZ, J. 1990. *La lucha del Garrote*. Dirección General de Deportes. Gobierno de Canarias. Las Palmas de Gran Canaria.

NODA, T. 1990. *Salto de Pastor*. Cabildo de Gran Canaria, Linca, Las Palmas de Gran Canaria.

PADILLA, P. 1991. *Léxico de la lucha canaria*. Cabildo de Gran Canaria y Universidad de Las Palmas de Gran Canaria.

RODRÍGUEZ, A. 1985. *Juegos y canciones tradicionales*. Centro de la Cultura Popular Canaria. Santa Cruz de Tenerife.

SÁNCHEZ, S. 1985. *La lucha canaria y otras luchas del mundo*. Centro de la Cultura Popular. Santa Cruz de Tenerife.

NAVARRO ADELANTADO, Vicente y HERNÁNDEZ ÁLVAREZ, Adelto. *Juegos tradicionales canarios*. Documentos y conferencias. Consejería de Educación del Gobierno de Canarias. http://www.gobiernodecanarias.org/educacion/ culturacanaria/juegos/juegos.htm

Zur Sprache
JIMÉNEZ, Gema y MÉNDEZ, José. 2010. *El Debate de la semana: Guanches: Pasado y futuro de Canarias*. Artículo publicado en el diario El Día (28/2/2010). Santa Cruz de Tenerife

Zu den Mumien
BARRIOS GARCÍA, José. 2004 (1997). *Sistemas de numeración y calendarios de las poblaciones bereberes de Gran Canaria y Tenerife en los siglos XIV-XV*. Tesis Doctoral. Univesidad (Humanidades y Ciencas Sociales, 11).La Laguna. Tenerife.

NICHOLS, Thomas. 1963 (d. 1560). *Descripción de las Islas Afortunadas*. Instituto de Estudios Canarios. La Laguna. Tenerife.

RODRÍGUEZ MAFFIOTE, Conrado. 1995. *Las momias guanches de Tenerife*. Proyecto Cronos. Popular. La Laguna.

BERTHELOT, Sabino. 1978 (1849 < 1842). *Etnografía y Anales de la Conquista de las Islas Canarias*. Goya. Santa Cruz de Tenerife.

TEJERA GASPAR, Antonio; DELGADO GÓMEZ, Juan Francisco; GALLOWAY RODRÍGUEZ, David; GARCÍA PULIDO, Daniel. 2010. *La cueva de las mil momias*. Herques. Santa Cruz de Tenerife

DURÁN, Javier. 2010. *El enigma de las 1.000 momias*. Artículo publicado en el diario La Provincia (9/10/2010). La Palmas de Gran Canaria.

WESTON QUALITY
® by Editorial Weston S.L
ISBN: 84-616-1088-1
Depósito legal: TF 966-2012

Printed in Poland
by Amazon Fulfillment
Poland Sp. z o.o., Wrocław